DU RECOUVREMENT

DES

FRAIS DUS AUX NOTAIRES

THÈSE POUR LE DOCTORAT

SOUTENUE LE MARDI 23 JANVIER 1900, A 1 HEURE

PAR

Paul DENIZOT

Avocat à la Cour d'appel de Paris

Président..... M. GLASSON, doyen.

Suffragants... { M. LE POITTEVIN, professeur.
{ M. THALLER, professeur.

PARIS

A. PEDONE, ÉDITEUR

LIBRAIRE DE LA COUR D'APPEL ET DE L'ORDRE DES AVOCATS

13, RUE SOUFFLOT, 13

1900

DU RECOUVREMENT

DES

FRAIS DUS AUX NOTAIRES

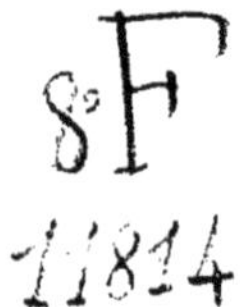

DU RECOUVREMENT

DES

FRAIS DUS AUX NOTAIRES

PAR

Paul DENIZOT

Docteur en Droit

Avocat à la Cour d'appel de Paris

PARIS

A. PEDONE, ÉDITEUR

LIBRAIRE DE LA COUR D'APPEL ET DE L'ORDRE DES AVOCATS

13, RUE SOUFFLOT, 13

—

1900

CHAPITRE PREMIER

Aperçu historique du droit des notaires à des honoraires. — Définition et base des honoraires. — Solidarité des parties. — Privilège et hypothèque des honoraires.

« Les notaires sont les fonctionnaires publics établis pour recevoir tous les actes et contrats auxquels les parties doivent ou veulent faire donner le caractère d'authenticité attaché aux actes de l'autorité publique, et pour en assurer la date, en conserver le dépôt, en délivrer des grosses et expéditions. »

Cette définition, que nous empruntons à l'article 1er de la loi du 25 ventôse an XI, nous montre que dans notre droit actuel, les notaires sont investis d'attributions déterminées ; ils jouissent de certaines prérogatives et constituent une classe spéciale de fonctionnaires.

Leur existence est cependant de beaucoup antérieure à cette loi.

L'Etat romain connaissait la charge de notaire.

Pour remplacer les tabulaires, *tabularii*, qui n'étaient que des scribes sans aucun caractère public et souvent de condition servile, les Romains créèrent, après le quatrième siècle, les tabellions dont les fonctions érigées en office public avaient quelque analogie avec celles que remplissent les notaires en France.

Les tabulaires, dont certains étaient appelés *notarii* (qui écrivaient par notes, d'où le mot notaire), devinrent les secrétaires des tabellions. Ils étaient de la famille et du train ordinaire du maître, « avaient bouche à cour chez lui et recevaient des gages, *stipendia seu annonas publicas* ». Défense leur était faite, sous les peines les plus sévères, d'exiger aucun salaire des parties et même d'accepter aucuns présents…, « ores qu'ils leurs fussent offerts ».

Ces usages se modifièrent peu à peu. Les notaires s'avantagèrent et prirent de petits salaires ; ils s'habituèrent si bien à recevoir des présents, *sportulas*, que Justinien dut les autoriser *occasione consuetudinum*. La novelle 44 ne nous laisse aucun doute à cet égard.

En France, dès les premiers temps de la monarchie, les notaires sont admis à se faire rétribuer de leurs services par les particuliers ; ils sont autorisés « à prendre salaire modéré des parties pour s'entretenir en servant le public[1] ». C'est de toute justice puisque, comme le dit Loyseau, « ils n'avaient ny gages du roy, ny bouche à cour, comme à Rome[1] ».

Nous voyons au titre III, chapitre 24, des capitulaires de Charlemagne « que les notaires pourront réclamer des parties pour les actes les plus importants *une demi-livre d'argent*, que les juges fixeront les honoraires des actes moins importants et que dans tous les cas, *il ne pourra rien être exigé des pauvres* ».

Sous Philippe le Bel, l'ordonnance du 23 mars 1302, portant création de notaires dans les domaines du roi, avec défense aux juges de se servir de leurs clercs et greffiers, fixe ainsi les salaires : « pour trois lignes, un denier; depuis quatre lignes jusqu'à six, deux deniers de monnaie courante; et, si les écritures excèdent six lignes, un denier pour trois lignes. »

L'article 7 de l'ordonnance de juillet 1304, rendue aussi par Philippe le Bel, prescrit aux notaires de ne point réclamer des salaires exagérés. « Ils ne recevront que des contrats licites. Après les avoir reçus, ils les grossoieront, les rendront aux parties et se contenteront d'un salaire médiocre, *mediante justo salario.* »

---

[1] Loyseau, *Traité des offices*, liv. 1, ch. 8, Du profit des officiers, n°s 7, 22, 23, 26.

L'ordonnance de Louis le Hutin du 1ᵉʳ avril 1315 (art. 18) recommande aux notaires, sous peine de destitution, de se conformer aux règlements antérieurs. « Les notaires se contenteront de salaires modiques, suivant leurs statuts, sous peine de privation d'offices. »

Philippe de Valois limite dans l'ordonnance de février 1327 « les outrageux salaires des notaires de Paris » et tarifie certains actes.

Vient ensuite l'ordonnance de Charles VII du 26 juillet 1435, puis celle de Charles VIII du mois d'octobre 1485.

L'Edit rendu par Henri III, en juillet 1580, expose dans un long préambule la responsabilité qui pèse sur les notaires, puis il ordonne ce qui suit :

« Pour donner moyen aux tabellions et notaires de vivre honnestement de leur labeur, et se maintenir en l'honneur et légalité qui sont requis en leurs charges, que dorénavant au lieu de l'ancienne taxe qu'ils soulaient prendre de seize sols parisis pour peau, ils auront et prendront pour chaque peau escrite, selon nos ordonnances, demy escu pour peau, outre leur vacation accoustumée et ancienne. De laquelle vacation nous n'entendons faire aucune augmentation, de sorte qu'au lieu de vingt sols tournois, ils en auront et prendront trente, tant pour eux que pour leurs clercs ensemble... »

Louis XIV, par un arrêt du règlement en date du 26 août 1665, accorde aux notaires :

« Pour chacune vacation, quatre livres seize sols ;

« Pour chacun rôle d'actes en grand papier, huit sols ;

« Pour chacun rôle de parchemin, seize sols ;

« Et pour le droit de recherche de toutes sortes de minutes, vingt-quatre sols. »

Puis, par un autre arrêt de règlement du 1 décembre 1688, il modifie les tarifs antérieurs et établit des droits de scel[1].

Nous arrivons enfin à la loi des 29 septembre — 6 octobre 1791. Le rapporteur de cette loi nous indique en ces termes les raisons qui le déterminent à accorder aux notaires un droit à des honoraires :

« Trop souvent, en établissant des fonctions publiques, on perd de vue l'intérêt du fonctionnaire ; on croit n'avoir plus rien à faire lorsque ses devoirs lui ont été tracés ; il semble alors que tout ait été prévu pour le plus grand avantage de la société ; mais ce n'est pas encore assez, il faut que ces devoirs soient remplis, et il n'est guère de moyen plus sûr d'atteindre ce but de toute institution que d'attacher les fonctionnaires par leur propre intérêt à l'accom-

---

[1] *Recueil général des anciennes lois françaises*, par Jourdan.

plissement de leurs devoirs et au succès de leur mission. On se le dissimulerait vainement, peu d'hommes ont la faculté de se livrer aux fonctions publiques par le seul désir d'être utiles; un si noble dévouement est au-dessus du patriotisme des uns ou de la fortune des autres; et si l'on excepte quelques rares places qu'une grande considération accompagne ou que de grandes espérances environnent, la plupart resteraient vacantes si l'intérêt ou le besoin n'y appelaient des concurrents; c'est au législateur à s'emparer de cette vérité, affligeante si l'on veut, mais utile pour lui et à s'en servir comme d'un nouveau gage de l'exécution de ses lois. Qui pourrait, par exemple, se vouer aux fonctions de notaire, qui pourrait surtout se livrer aux longues études que cet état exige, sans l'espoir d'y trouver une honnête existence? Plus ces fonctions sont importantes, plus il faut qu'un légitime intérêt y attache ceux qui sont chargés de les remplir: car, enfin, on ne s'attend pas que ces places soient recherchées à l'avenir, pas plus qu'elles ne l'ont été avant nous, par des motifs absolument étrangers aux moyens de subsister. »

Les nombreuses ordonnances et les textes que nous venons de citer consacrent pour le notaire un droit à une rémunération. Ce droit a été admis par notre législation actuelle. Maintenu par la loi du

25 ventôse an XI, il avait été réglementé par le décret du 16 février 1807 qui ne permettait aux notaires de réclamer le paiement de leurs frais qu'après les avoir fait taxer. Puis la loi du 5 août 1881 avait fixé une prescription pour la taxe de ces actes notariés. Aujourd'hui elle est abrogée et remplacée par la loi du 24 décembre 1897. Cette dernière loi réglemente le recrouvrement des frais dus aux notaires, avoués et huissiers. Elle crée en cette matière une procédure nouvelle et règle d'une façon définitive certains points qui, faute de textes précis, faisaient l'objet de controverses graves. Enfin des tarifs spéciaux aux notaires ont été édictés par le Président de la République le 25 août 1898. Ils indiquent pour chaque ressort de Cour d'appel le montant des honoraires qu'un notaire pourra réclamer à propos d'un acte déterminé, et constituent maintenant une base certaine d'après laquelle la taxe sera faite.

Ce droit à des honoraires a été supprimé dans certains cas par deux lois successives.

D'après l'article 24 de la loi du 20 juillet 1886 : « les certificats, actes de notoriété et autres pièces exclusivement relatives à l'exécution de la présente loi, seront délivrés gratuitement et dispensés de droits de timbre et d'enregistrement. » On suppose que des fonds ont été déposés à la Caisse nationale des retraites pour la vieillesse et que les héritiers du déposant ont le droit de les retirer. Des pièces sont nécessaires à ce retrait : ce sera un acte de notoriété dans lequel deux témoins déclareront le décès du déposant et les héritiers laissés, ce sera un certificat de propriété dans lequel le notaire certifiera que le livret appartient désormais à telle et telle personne, ce pourra être aussi une procuration, un acte de dépôt, etc... Toutes ces pièces devront être délivrées gratuitement.

L'article 23 du décret du 25 août 1898 nous signale une seconde exception. Qu'il nous suffise d'indiquer ce texte sans aucun commentaire : « Tous actes, quelle que soit leur nature, ayant pour objet le mariage des indigents, le retrait de leurs enfants des hospices et la reconnaissance de leurs enfants naturels, sont reçus gratuitement par les notaires, sur la production par les parties intéressées du certificat prévu par l'article 6 de la loi du 10 septembre 1850.

« La gratuité s'applique même aux frais de voyage.

« Il en est de même des actes reçus dans l'intérêt des personnes qui ont obtenu le bénéfice de l'assistance judiciaire, lorsqu'ils sont passés à l'occasion ou en exécution des instances dans lesquelles elles ont figuré, mais seulement dans le cas où ils doivent être visés pour timbre et enregistrés en débet.

« Lorsqu'il s'agit des actes compris au paragraphe précédent, les honoraires des notaires peuvent être recouvrés ultérieurement dans les conditions et les formes prévues par la loi du 22 janvier 1851. »

Les frais d'un notaire comprennent les déboursés et les honoraires. Si l'on s'en tenait aux seules données de l'histoire, ce terme « honoraire » pourrait paraître quelque peu prétentieux. L'honoraire est en effet, d'après la loi romaine, ce qui est offert spontanément et par honneur à un avocat. « *Honorarium dicitur, quod non mercedis nomine, sed honoris causa ultra et sponte alicui offertur in remunerationem potius accepti ab eo beneficii, quam in laboris compensationem*[1]. » C'est un hommage de reconnaissance qui ne s'applique qu'à des services d'un ordre relevé et résultant de l'exercice d'une profession libérale. Aujourd'hui l'*honoraire* est tout simplement une rétribution accordée pour services rendus. Il tend à se rapprocher du *salaire* qui n'est que le prix d'un acte ou d'un travail quelconque, abstraction faite de toute idée de reconnaissance, et de l'*émolument* qui désigne le bénéfice qu'un acte de procédure rapporte à celui qui l'a fait, mais il ne se confond pas avec eux. Pour beaucoup d'individus cependant le mot *honoraire* est synonyme de *salaire, frais, émoluments*. Tout le monde veut avoir droit à

[1] Aubertin, *Des honoraires et frais d'actes des notaires*. p. 2.

recouvrés ultérieurement dans les conditions et les formes prévues par la loi du 22 janvier 1851. »

Les frais d'un notaire comprennent les déboursés et les honoraires. Si l'on s'en tenait aux seules données de l'histoire, ce terme « honoraire » pourrait paraître quelque peu prétentieux. L'honoraire est en effet, d'après la loi romaine, ce qui est offert spontanément et par honneur à un avocat. « *Honorarium dicitur, quod non mercedis nomine, sed honoris causa ultra et sponte alicui offertur in remunerationem potius accepti ab eo beneficii, quam in laboris compensationem*[1]. » C'est un hommage de reconnaissance qui ne s'applique qu'à des services d'un ordre relevé et résultant de l'exercice d'une profession libérale. Aujourd'hui l'*honoraire* est tout simplement une rétribution accordée pour services rendus. Il tend à se rapprocher du *salaire* qui n'est que le prix d'un acte ou d'un travail quelconque, abstraction faite de toute idée de reconnaissance, et de l'*émolument* qui désigne le bénéfice qu'un acte de procédure rapporte à celui qui l'a fait, mais il ne se confond pas avec eux. Pour beaucoup d'individus cependant le mot *honoraire* est synonyme de *salaire*, *frais*, *émoluments*. Tout le monde veut avoir droit à

[1] Aubertin, *Des honoraires et frais d'actes des notaires*. p. 2.

terme *émoluments*. Il nous semble préférable au mot *honoraires extraordinaires* qu'emploient certains notaires et il offre sur lui l'avantage d'avoir été consacré par le tarif du 25 août 1898. L'article 3 nous dit : « Les dispositions du présent tarif ne sont point exclusives des émoluments qui peuvent être réclamés par les notaires, soit pour des travaux autres que la rédaction des actes, soit pour des missions dont ils seraient chargés à titre exceptionnel et qui n'auraient rien d'incompatible avec la nature et la dignité de leur ministère. Ces émoluments sont réglés à l'amiable sous le contrôle de la Chambre de discipline. »

Le rapport que M. Bertrand a présenté à la Chambre des Députés à la séance du 1 juin 1896[1] ne s'accorde pas avec la distinction que nous venons d'établir, mais la faute en est au rapporteur qui, en examinant un projet de loi relatif aux notaires, avoués et huissiers, a employé des termes s'appliquant spécialement aux avoués. D'après lui les frais comprennent les déboursés et les émoluments : ils sont, sous ce double aspect, soumis au tarif, à l'appréciation du magistrat taxateur. Il n'en est pas de même pour les honoraires, dit-il, ils ont un tout autre caractère, une toute autre origine. Si pour un motif quelconque,

[1] Chambre, *Documents parlementaires*, 1896, Annexe 1915, p. 142.

le notaire, l'avoué, l'huissier croit avoir à réclamer
des honoraires, cette question se traite à l'amiable
entre lui et celui qu'il considère comme son débiteur.
A défaut d'accord amiable, les tribunaux compétents
sont appelés à se prononcer. C'est alors un procès
soumis aux règles ordinaires concernant les procès.
Pour établir cette distinction, M. Bertrand se base
sur la définition suivante donnée par Dalloz dans
son supplément alphabétique [1] : « Les travaux et soins
auxquels s'est livré un avoué dans l'intérêt de son
client et en dehors de son ministère légal peuvent
donner lieu à des honoraires dont le chiffre non
soumis au tarif est fixé souverainement par les tribunaux. » Ainsi, d'après M. Bertrand, les émoluments
rétribuent les actes accomplis comme notaire, avoué,
huissier, tandis que les honoraires rétribuent ceux
accomplis comme mandataire. Cette nouvelle terminologie est en désaccord avec nous et nous ne pouvons
l'adopter ; elle bouleverserait toute la pratique nota-
riale. Et cependant, elle doit avoir sa raison d'être,
nous ne pouvons croire en effet que M. Bertrand
l'ait établie contrairement à tout usage ; nous devons
en rechercher l'origine. Le texte qui sert de base à
cette classification est, M. Bertrand nous le dit lui-
même, la définition de Dalloz que nous avons citée.

[1] Supplément de Dalloz alphabétique, V° *Honoraires*, n° 4.

Elle suppose qu'un avoué s'est livré à des travaux et à des soins en dehors de son ministère légal et elle déclare que ces travaux et ces soins seront rémunérés par des honoraires. En elle-même cette définition n'a rien d'erroné, elle est au contraire conforme aux habitudes des avoués ; chez eux le mot « émolument » désigne ce qui leur est dû pour l'exercice de leur ministère et le mot « honoraire » ce qui leur est dû en dehors de ce ministère. L'erreur de M. Bertrand consiste en ce qu'il a étendu aux notaires une terminologie spéciale aux avoués. Ainsi interprété, le rapport n'est pas en opposition avec nous, les deux distinctions se trouvent avoir chacune leur sphère d'application. Elles ne sont du reste contredites ni l'une ni l'autre par la loi du 21 décembre 1897 qui a employé avec raison le mot général de « frais ».

Les rétributions accordées aux notaires ont des causes diverses ; nous les classerons en quatre catégories, selon la nature des opérations.

1° Les *honoraires proprement dits*, qui sont dus à raison de la rédaction, de la conservation des actes et de la responsabilité qu'ils entraînent pour le notaire.

Ils sont (Art. 13 du décret du 25 août 1898) :

Ou fixes ;

Ou gradués, c'est-à-dire établis sur la valeur exprimée dans l'acte, préalablement divisée par parties et proportionnels sur chacune de ces parties, mais à des taux différents;

Ou proportionnels;

Ou réglés par vacation, c'est-à-dire à raison du temps employé;

Ou calculés par rôle de minute, en conséquence du travail fourni.

2° Les *droits de rôles*, qui sont alloués à raison de la délivrance des expéditions, des grosses ou des extraits.

3° Les *frais de voyage*, qui sont réclamés par le notaire qu'on oblige à instrumenter en dehors du lieu de sa résidence. Ils rétribuent à la fois le temps et les frais du voyage.

4° Et des *droits divers*, qui sont dus en général à raison des travaux accessoires aux actes notariés, tels que réquisition d'inscription, de transcription, d'état hypothécaire, renouvellement d'inscription, insertion dans les journaux, déclaration de succession, copie collationnée, etc...

Les honoraires ont pour but de rémunérer le travail du notaire et de lui assurer une situation en rapport avec la dignité que comporte son état.

Il semble, à première vue, que les honoraires ont leur fondement juridique dans un contrat de louage. En effet, si les nombreuses exigences de la vie matérielle nous obligent à recourir souvent à nos voisins et à les employer pour des œuvres que nous ignorons ou que nous ne pouvons faire par nous-mêmes, et si ce genre de contrat porte le nom de louage, pourquoi n'en serait-il pas de même lorsque nous nous trouverons en présence de besoins factices, de formalités exigées par la loi en vue du bon ordre social? Peu importe la cause en vertu de laquelle nous demandons un service. Le travail est là, il faut le rémunérer.

Cette idée de louage n'a pas été adoptée par la jurisprudence. Elle distingue deux sortes de travaux. Les uns sont susceptibles d'appréciation. L'individu qui les reçoit peut se rendre compte par lui-même de la difficulté d'exécution et proportionner le salaire. Les autres, au contraire, n'offrent pas de base pouvant servir à une appréciation. Ce sont ceux accomplis par des avocats, des médecins, des notaires, des professeurs. Dans bien des cas, en effet, nous sollicitons le concours de quelqu'un et nous ignorons nous-mêmes la valeur de ce concours. Comment alors pourrions-nous l'apprécier en argent? Comment connaître par exemple la valeur exacte, la valeur réelle de la consultation donnée par un médecin dans un cas grave? Il semble que cette consultation doive se payer plus cher si le malade survit. Et cependant, ne peut-il pas arriver que cette consultation à la suite de laquelle le malade guérit soit moins bonne qu'une autre dont le résultat n'a pas été couronné de succès? Le médecin sera le seul juge compétent, et c'est à lui que ses clients devront s'en remettre pour la fixation des honoraires. Ce second genre de travaux, la jurisprudence le rémunère en se basant sur une idée de mandat. De sa nature, le mandat est gratuit, mais comme rien ne s'oppose à ce que le mandataire soit récompensé, il arrive en fait qu'un présent ou une somme d'argent lui est presque toujours accordée. Nous adopterons l'avis de la jurisprudence, nous dirons que les honoraires des notaires sont dus en vertu d'un mandat, et nous ajouterons qu'ils rentrent parmi les actes dont l'exécution, lors même qu'elle n'est pas entièrement gratuite, conserve toujours le caractère de bon office qui ne se paie pas et parmi ceux auxquels on accorde une récompense rémunératoire. — Pothier, *Du Mandat*, nᵒˢ 26 et suiv. — Merlin, *Répertoire*, vᵒ notaire, nᵒ 1. — Renaud, *Méthode ou instruction sur la perception des honoraires des notaires*, p. 25. — Troplong, *Du Louage*, nᵒ 791. — Rolland de Villargues, *Répertoire*, vᵒ Honoraires, nᵒ 7.

Maintenant que nous avons des honoraires et de leur base juridique une idée suffisamment complète, nous devons chercher à savoir à qui ces honoraires peuvent être réclamés.

En règle générale, les frais occasionnés par un acte sont à la charge de la partie à laquelle cet acte doit profiter ou entre les mains de qui il doit former un titre utile ; ainsi d'après l'article 31 de la loi du 22 frimaire an VII « les droits des actes civils et judiciaires emportant obligation, libération ou translation de propriété ou d'usufruit de meubles ou immeubles, seront supportés par les débiteurs et nouveaux possesseurs ; et ceux de tous les autres actes le seront par les parties auxquell s les actes profiteront, lorsque, dans ces divers cas, il n'aura pas été stipulé de dispositions contraires dans les actes » ; d'après le Code civil, les frais de quittance sont à la charge de la partie qui se libère (art. 1248) et les frais de vente sont à la charge de l'acheteur (art. 1593). C'est à eux que le notaire devrait s'adresser pour obtenir son paiement, c'est contre le débiteur, contre le nouveau possesseur que la demande devrait être formée. — Mais comme il peut arriver que la demande adressée par le notaire à celle des parties qui doit les supporter demeure infructueuse, le législateur a établi en cette matière la solidarité. Il serait injuste, en effet, que le notaire perdit ses avances et le fruit de ses travaux par cette seule circonstance que le débiteur est insolvable. Si la rédaction de l'acte est utile au débiteur ou à l'acheteur, elle l'est aussi au créancier et au vendeur. Ils y sont tous intéressés. « Les parties s'adressent ensemble au notaire; elles requièrent l'une comme l'autre son ministère; l'acte est rédigé dans leur intérêt commun et pour leur avantage réciproque; enfin l'acte, par sa nature, forme un tout indivisible. Il est dès lors évident que le notaire agit pour toutes les parties et, comme l'affaire est nécessairement commune, elles doivent être tenues solidairement envers lui. Si donc le notaire se contente de recourir à celle des parties que la loi désigne pour le paiement des droits qui lui sont dus, c'est par ménagement pour ses clients et pour éviter des réclamations entre eux; mais, si la partie à laquelle il s'est adressé refuse de payer, il peut user du droit de solidarité [1]. » Nous pouvons en droit considérer que le notaire est le mandataire commun des parties et nous devons appliquer les règles du mandat. Nous dirons que tous les contractants, que tous les signataires sont tenus envers le notaire de la même manière que le mandant l'est envers le mandataire. C'est cette théorie, nous l'avons déjà dit, qui a été admise par la jurisprudence, le notaire est le mandataire de tous ceux qui figurent dans l'acte, il a contre chacun d'eux, en vertu des articles 1999 et 2002 du Code civil, l'action accordée au mandataire pour le paie-

---

[1] *Dictionnaire du notariat*, v° Honoraires, n° 235.

ment de ses avances. Il exercera son action contre
l'un quelconque de ses débiteurs et il l'exercera s'il
le veut pour la totalité. Cette règle sera maintenue
alors même que dans l'acte les parties auraient déterminé le mode de paiement. Ces stipulations particulières ne sont en aucune façon opposables au
notaire, il n'a pas contribué à leur formation, s'il
les a connues, c'est en tant que fonctionnaire public
et elles ne peuvent produire d'effet à son égard. Il
pourra donc poursuivre le vendeur alors même que
par une clause spéciale de la convention l'acheteur
se serait obligé à payer seul. Cette clause ne produira d'effet qu'entre les parties, elle déterminera
celle qui devra supporter les frais *en définitive*.

Naturellement, la solidarité se restreint aux seuls
droits qui sont dus lors de la passation de l'acte
et qui en sont une suite immédiate. Ceux dont
l'origine est postérieure ne concernent que la partie
qui a requis le ministère du notaire. Les frais des
premières expéditions, surtout si l'acte mentionne
leur délivrance, pourront être réclamés à l'un ou à
l'autre des signataires; ils ne le pourront pas s'il
s'agit de frais dus pour une expédition réclamée
postérieurement par une seule des parties et dans
son intérêt exclusif.

Si celui qui a payé ne devait pas contribuer au
paiement ou ne devait y contribuer que pour une

partie, il aura contre ses codébiteurs un recours qui ne produira qu'un effet relatif, il ne pourra exercer une action récursoire contre chacun de ses codébiteurs que dans la mesure de sa part contributoire (art. 1214, al. 1, Code civil). Selon les circonstances, il emploiera soit l'action *mandati*, soit l'action *negotiorum gestorum*, soit l'action qui appartenait au créancier dans les droits duquel il a été subrogé de plein droit en vertu de l'article 1251, § 3° du Code civil.

L'identité de situation que nous avons établie entre le mandataire et le notaire devrait nous amener à décider que le notaire aura droit aux intérêts des avances par lui faites du jour de ces avances. Nous devrions être forcés d'appliquer ici l'article 2001 du Code civil qui déclare que l'intérêt des avances est dû au mandataire du jour où elles ont été constatées. Cette condition se trouvant toujours remplie à l'égard des notaires puisque leurs avances de frais d'enregistrement sont constatées par les registres de la Régie et que le paiement des droits d'hypothèque est reconnu par une quittance inscrite au bas de l'acte, nous devrions décider que pour ces frais, les intérêts courront du jour où ils ont été faits. Cette opinion qui était celle de la doctrine n'a pas été adoptée par la jurisprudence. La Cour de Cassation n'a jamais admis le droit du notaire aux intérêts de ses avances qu'à dater de sa demande en justice (30 mars 1830, 27 juin 1840). Elle s'appuyait sur des considérations d'une grande valeur. Sans doute, disait-elle, le notaire est le mandataire des parties, mais ce n'est pas comme mandataire qu'il paie les droits d'enregistrement, c'est comme débiteur personnel du Trésor; l'article 29 de la loi du 22 frimaire an VII oblige le notaire à ce paiement et l'article 30 lui assure le moyen de se faire rembourser par la partie débitrice. Comme il n'était parlé nulle part d'intérêts de plein droit, elle appliquait le droit commun et sans s'occuper de l'article 2001, elle accordait les intérêts seulement à partir de la demande. Cette solution se justifiait d'autant mieux que la jurisprudence voit les choses à un point de vue pratique. En fait, le notaire retire toujours de la passation de l'acte un avantage convenable, les honoraires le rétribuent largement de la perte que peut lui causer l'avance de certains frais et il était inutile de grever les parties outre mesure en créant des intérêts de plein droit. Aujourd'hui l'article 1, § 7, de la loi du 24 décembre 1897 pourrait encore servir d'argument à la jurisprudence, puisque sans établir aucune distinction entre les déboursés et les honoraires, ce paragraphe nous dit : la signification de l'ordonnance de taxe fera courir les intérêts. — Mais cette controverse a perdu maintenant

son intérêt pratique et partant sa raison d'être.
D'après l'article 8 du décret du 25 août 1898, les
notaires *doivent* réclamer la consignation des frais
qu'ils auront à débourser pour les actes qu'ils sont
chargés de dresser, ils ne peuvent, par conséquent,
avoir droit à des intérêts de plein droit.

Les honoraires des notaires sont des créances ordinaires. Elles ne sont garanties ni par un privilège
ni par une hypothèque. C'est là le principe, mais
comme à tout principe il faut des exceptions, nous
dirons que la créance du notaire sera protégée par
une hypothèque lorsqu'elle résultera d'une décision
judiciaire — nous aurons alors une hypothèque judiciaire — et qu'elle le sera par un privilège lorsqu'elle aura le caractère de frais de justice.

Sont considérés comme frais de justice :

1° Les frais d'inventaire ;

2° Les frais d'une vente de meubles aux enchères ;
ils sont privilégiés sur le produit de la vente parce
qu'ils sont nécessaires à la réalisation du gage commun ;

3° Les frais de compte de gestion rendu soit par
un héritier bénéficiaire, soit par un curateur à succession vacante ou un syndic de faillite ;

4° Les frais d'un ordre ou d'une distribution
amiable ;

5° Les frais de liquidation judiciaire si l'acte a servi à l'intérêt commun des créanciers, si spécialement la procédure a été faite sur leurs poursuites.

Ce privilège présente un caractère particulier, c'est que dans certains cas, il s'exerce avant toute distribution. Ainsi, le notaire qui a opéré une vente de meubles, se paiera avant tout autre en retenant sur le prix de la vente le montant de ses frais.

Outre ces deux exceptions, il peut arriver dans un cas particulier que le notaire qui n'a qu'une action personnelle obtienne une collocation privilégiée. Pour que ce cas se produise, il faut supposer qu'après la vente, le débiteur a revendu l'immeuble acquis ou bien a été exproprié, et qu'un ordre est ouvert pour la distribution du prix provenant de cet immeuble. Le notaire qui n'a pas été payé des frais du contrat de vente peut, sans aucun doute, se présenter à l'ordre et réclamer, en sa qualité de créancier, le paiement de ce qui lui est dû. Il obtiendra satisfaction entière si la valeur de l'immeuble suffit à désintéresser tous les créanciers, il ne recevra qu'une quote-part, au contraire, si l'immeuble est insuffisant. Cette manière de procéder n'offre donc au notaire qu'une sécurité relative. Sa sécurité sera complète si, au lieu de se présenter de son chef, il se présente du chef du vendeur. Nous savons, en effet, que tous ceux qui ont recours au ministère

5° Les frais de liquidation judiciaire si l'acte a servi à l'intérêt commun des créanciers, si spécialement la procédure a été faite sur leurs poursuites.

Ce privilège présente un caractère particulier, c'est que dans certains cas, il s'exerce avant toute distribution. Ainsi, le notaire qui a opéré une vente de meubles, se paiera avant tout autre en retenant sur le prix de la vente le montant de ses frais.

Outre ces deux exceptions, il peut arriver dans un cas particulier que le notaire qui n'a qu'une action personnelle obtienne une collocation privilégiée. Pour que ce cas se produise, il faut supposer qu'après la vente, le débiteur a revendu l'immeuble acquis ou bien a été exproprié, et qu'un ordre est ouvert pour la distribution du prix provenant de cet immeuble. Le notaire qui n'a pas été payé des frais du contrat de vente peut, sans aucun doute, se présenter à l'ordre et réclamer, en sa qualité de créancier, le paiement de ce qui lui est dû. Il obtiendra satisfaction entière si la valeur de l'immeuble suffit à désintéresser tous les créanciers, il ne recevra qu'une quote-part, au contraire, si l'immeuble est insuffisant. Cette manière de procéder n'offre donc au notaire qu'une sécurité relative. Sa sécurité sera complète si, au lieu de se présenter de son chef, il se présente du chef du vendeur. Nous savons, en effet, que tous ceux qui ont recours au ministère

---

CHAPITRE II

Du principe du règlement amiable et des exceptions apportées à ce principe.

Les notaires ont toute latitude pour la détermination des frais qui leur sont dus. Il leur suffit pour cela d'être d'accord avec leur client. La seule personne intéressée, la seule qui puisse se plaindre, c'est le client. Du moment qu'il accepte le compte qui lui est présenté, personne autre n'a le droit ni de le critiquer, ni de le blâmer. La convention des parties fait loi entre elles.

Le principe du règlement amiable a été introduit dans notre législation par l'article 51 de la loi du 25 ventôse an XI : « Les honoraires et vacations des notaires seront *réglés à l'amiable* entre eux et les parties, sinon par le Tribunal civil de la résidence du notaire, sur l'avis de la chambre et sur simples mémoires, sans frais. »

Avant cette époque, la convention des parties faisait déjà la règle. Nous en trouvons la preuve dans les ordonnances que nous avons citées au chapitre premier et qui ou prescrivent aux notaires de se contenter de salaires médiocres ou leur reprochent de prendre des salaires excessifs. A quoi auraient servi ces recommandations ou ces critiques si le notaire n'eût pas eu sa liberté entière, si le règlement amiable n'eût pas existé? Malheureusement ce système du réglement amiable peut donner naissance à des difficultés graves. En l'absence d'une base certaine, les notaires se trouvent dans une incertitude complète pour la fixation de leurs honoraires. Ils ont à lutter contre la mauvaise foi de leurs clients qui peuvent toujours les entraîner dans des procès et ils ont à craindre la concurrence déloyale de ceux de leurs confrères qui oublient la dignité professionnelle.

C'est pour éviter ces abus de toutes sortes, que dès l'origine il a été créé par les Chambres des notaires de chaque arrondissement des règles et usages d'équité. Ces usages, relatifs à la rémunération des actes volontaires, ont été sanctionnés dans presque tous les arrondissements par les assemblées générales ou par les chambres de discipline. Malgré cette sanction, ces tarifs sont restés purement officieux. Aucune chambre ne peut les imposer alors même que le notaire aurait promis de se conformer aux règlements; ils ne sont pas obligatoires. Toutefois le juge chargé de la taxe peut se reporter à ces tarifs.

S'ensuit-il de là que le notaire pourra réclamer la somme qu'il lui plaira? N'y a-t-il pas une base légale, même pour le règlement amiable?

Les honoraires, nous l'avons dit, sont destinés à rémunérer le notaire de ses peines et de ses soins. Ils doivent donc être proportionnés aux difficultés qu'a présentées la rédaction des actes. Le notaire ne doit pas profiter de sa liberté pour exiger une rétribution trop élevée, il doit se contenter de salaires médiocres et ne pas s'enrichir d'une façon scandaleuse. C'est du reste l'avis de plusieurs auteurs anciens. Domat, dans ses *Lois civiles* (Droit public, livre 2, titre 5, section 5, n° 6), nous dit que « les notaires doivent proportionner les émoluments qu'ils peuvent prétendre non à cette conséquence (importance) de leur ministère, mais à ce que l'usage, les règlements et une intégrité désintéressée peuvent leur permettre, modérant même leurs droits à l'égard des personnes qui n'auraient pas le moyen de payer, selon leur travail, puisqu'ils reçoivent souvent de l'honnêteté des autres personnes plus que leur travail ne mériterait. »

La nature des actes, les difficultés que leur rédaction a pu occasionner, l'importance des affaires traitées, la responsabilité qui dans une foule de circonstances pèse sur le notaire : telles sont, dit Rolland de Villargues (*Répertoire*, Honoraires, n° 37), les bases diverses d'après lesquelles les honoraires doivent être réglés.

Nous ne pouvons mieux faire que de reproduire ici les observations qui ont été suggérées aux auteurs des *Annales du Notariat*, par l'article 2 de la loi du 25 ventôse an XI [1] : « Les notaires sont institués à vie. »

« Au moyen de cette disposition, disent-ils, les notaires peuvent se livrer à l'exercice de leur profession, avec la certitude de recueillir le fruit de leurs travaux : ainsi la loi rend inexcusables, même sous le rapport de l'intérêt personnel, ceux qui sacrifieraient la moralité, si essentielle en cet état, au désir d'accélérer leur fortune. Tous doivent se dire qu'une fortune faite promptement est rarement légitime ; il est au moins impossible qu'elle échappe au soupçon, et le soupçon est le plus grand malheur pour un notaire ; la considération publique doit être le premier objet de son ambition. Sans doute, il ne lui est pas défendu de chercher dans son travail une indemnité suffisante ; il est juste qu'il y trouve les moyens de vivre honorablement suivant la localité, d'élever sa famille et même de vivre sans travail,

[1] *Annales du Notariat*, t. I, p. 162.

lorsque l'âge lui ôte ceux de continuer son état; et c'est là le but que le gouvernement voudra sans doute atteindre dans la fixation du nombre des notaires : mais, c'est au temps à cumuler les bénéfices; et telle est l'heureuse constitution du notariat que le temps, en ajoutant à l'estime que le notaire doit mériter, augmente presque nécessairement sa clientèle et conséquemment les produits de son travail. Le notaire ne s'avilira donc point par une sordide avidité; certain de recueillir avec le temps les fruits de sa modération, il sentira les avantages particuliers d'une magistrature pour laquelle la fortune est le résultat du savoir, du travail et de la probité réunis. »

Ces idées, plutôt générales sur la manière de régler un compte, ont été rendues pratiques par la création de règles, qui ont voulu concilier à la fois l'intérêt des notaires et celui des parties. On a divisé les honoraires en *proportionnels* ou *fixes*. Les premiers sont dus à propos des actes qui emportent mutation ou partage de biens, obligation ou libération. Le notaire perçoit un tant pour cent, ses honoraires sont d'autant plus élevés que la somme est plus forte; ils varient selon le montant des capitaux qui font l'objet de l'acte. Les seconds sont perçus pour les actes qui ne présentent dans leurs stipulations aucune valeur et ne laissent considérer que le travail qu'ils exigent. Les procurations, les consentements, les actes de notoriété, les déclarations pures et simples rentrent dans cette catégorie, le notaire percevra une somme fixe : 6 francs, 8 francs, 12 francs.

Le principe du règlement amiable, contenu dans l'article 51 de la loi du 25 ventôse an XI, n'a eu en pratique qu'une application de très courte durée.

Quatre ans après son apparition survenait une autre loi dont nous devons étudier les grandes lignes. Cette loi ou plus exactement ce décret-tarif du 16 février 1807 apportait à la législation précédente deux importantes modifications. Il décidait d'abord dans ses articles 168 et suivants que les frais dus aux notaires pour vacations, expéditions, voyages et autres devraient être soumis à la taxe. Par suite de cette disposition, on enlevait au règlement amiable tous les actes de la juridiction contentieuse, on ne lui laissait que les honoraires proprement dits. La deuxième modification a été apportée par l'article 173 qui disait : « Tous les autres actes du ministère des notaires, notamment les partages et ventes volontaires qui auront lieu par-devant eux, seront taxés par le président du tribunal de première instance de leur arrondissement, suivant la nature et les difficultés que leur rédaction aura présentées et sur les renseignements qui lui seront fournis par les notaires et les parties. »

Comment devrons-nous interpréter cet article ? Dirons-nous que la taxe et l'action en réduction ou en restitution qui en est la conséquence n'auront lieu qu'à défaut de règlement amiable, ou bien dirons-nous au contraire qu'elles auront lieu même après un règlement amiable ?

Une première théorie avait admis que la taxe n'avait lieu qu'à défaut de règlement amiable. Cette théorie avait été acceptée par la jurisprudence tout entière (Amiens, 9 mai 1823 ; Req., 10 avril 1827 ; Cass., 17 mars et 12 mai 1829 ; Civ. rej., 19 janvier 1831). D'après elle, le règlement amiable d'honoraires intervenu entre le notaire et les parties, conformément à la loi de l'an XI, rendait celles-ci non recevables à recourir à la taxe, sauf le cas de fraude, d'erreur ou de surprise, alors surtout qu'elles avaient exécuté volontairement la convention. (Art. 1109 C. Civ.) Cette jurisprudence ne faisait aucune distinction entre les actes spécialement tarifés et ceux dont la taxe dépend des circonstances. Dans les deux cas, elle proclamait la force obligatoire du règlement amiable sans permettre aucun recours en répétition des honoraires excédant le taux du tarif. Elle tenait comme principe qu'il ne peut y avoir lieu à la taxe des honoraires

qu'en l'absence d'un règlement amiable et que le
règlement amiable, dès qu'il est intervenu, fait irré-
vocablement la loi des parties, à moins qu'il n'eût
pas été éclairé par une connaissance entière des
faits et conséquemment qu'il n'eût pas le caractère
d'un engagement sérieusement et librement consenti.

Mais en 1837 un revirement se produisit. Quelques
Cours d'Appel et la Cour de Cassation à leur suite
(Trib. de Joigny, 27 mai 1837 ; Cass. 1 déc. 1841 D
42, 1, 17 ; Paris 14 mars 1848, D 49, 2, 54 ; Orléans, 7
janv. 1852, D 52, 2, 198 ; Cass. 22 août 1854, D 55,
1, 23 ; 4 avril 1859, D 59, 1, 161 ; Paris, 29 déc. 1859,
D 60, 2, 11 ; 30 janv. 1860, D 60, 2, 49 ; Req 2 janv.
1872) ont posé en principe que le décret du 16 février
1807 a dérogé à l'article 51 de la loi de ventôse an
XI. Par suite, elles ont décidé que les actes du ministère des notaires, spécialement tarifés ou non,
n'en sont pas moins soumis à la taxe du juge, sans
que les règlements amiables intervenus y puissent
mettre obstacle, et que le droit de recourir à la taxe
dans tous les cas est d'ordre public et appartient
dès lors aux parties, même après paiement des honoraires fixés par la convention.

Cette doctrine a été vivement combattue[1] et,

[1] Rolland de Villargues, *Rép.*, v° Honoraires, n° 19.

cependant, elle nous semble seule s'accorder avec les textes.

L'article 173 du tarif dit que : « Tous les *autres* actes du ministère des notaires, notamment les partages et les ventes volontaires qui auront lieu par devant eux, *seront taxés* par le président du tribunal de première instance de leur arrondissement, suivant leur nature et les difficultés que leur rédaction aura présentées et sur les renseignements qui lui seront fournis par les notaires et les parties. » L'article 171 renforce encore notre solution. D'après cet article, « il sera passé aux notaires, pour la formation des comptes que les copartageants peuvent se devoir, de la masse générale de la succession, des lots et des fournissements à faire à chacun des copartageants, une somme correspondant au nombre des vacations que le *juge arbitrera avoir été employées* à la confection de l'opération. » Ces dispositions qui mettent en avant l'arbitrage du juge impliquent bien l'idée qu'il y a eu innovation à l'article 51 de la loi de l'an XI, où c'était le règlement amiable qui était mis au premier rang.

Comme l'a dit le tribunal de Joigny dans l'espèce du jugement du 27 mai 1837 précité : « Si, sous l'empire de la loi de ventôse, en cas de règlement entre le notaire et les parties, celles-ci étaient non recevables à l'attaquer et à réclamer l'intervention des tribunaux, il n'en est plus ainsi depuis la promulgation du décret du 16 février 1807. En effet, la loi de ventôse n'avait soumis à aucun tarif, à aucune taxe légale les actes des notaires et en avait laissé la fixation sous l'empire du droit commun et à l'arbitrage des officiers et des parties, et s'était bornée, en cas de contestation, à tracer un mode spécial et plus simple devant les tribunaux. Sous cette législation, les conventions amiables des parties étant la règle, elles devaient leur tenir lieu de loi et devaient, contre toute réclamation, être une légitime fin de non recevoir.

Mais cet état de choses a été nécessairement changé par l'intervention du décret du 16 février 1807. Par ce décret, le législateur, après avoir établi complètement le droit civil par la promulgation du Code civil et du Code de procédure, a voulu régler les droits et honoraires des officiers ministériels appelés à le mettre en action et a proclamé pour tous la nécessité d'une fixation légale et l'obligation de s'y soumettre. En présence de cette disposition générale et absolue, le règlement amiable entre les officiers et les parties n'a plus été qu'une exception volontaire *de la part de celles-ci* et qui ne peut leur interdire le recours aux magistrats si elles veulent *ensuite* l'invoquer. Adopter cette exception à la nécessité de la taxe serait en rendre la règle presque

entièrement illusoire, parce que les officiers ministériels pourraient toujours profiter du besoin qu'ont
d'eux les parties pour s'y soustraire en imposant
leurs conditions à l'avance. Aussi, le décret de 1807
a si peu entendu admettre ce règlement amiable
comme exception à l'application de ses dispositions
qu'à plusieurs reprises il a formellement interdit à
ces officiers d'y déroger par des conventions contraires. Le décret de 1807 a entendu soumettre à
ses règles les notaires tout aussi expressément que
les autres officiers ministériels, puisqu'il leur a
consacré un chapitre tout entier. On ne peut non
plus distinguer entre les divers actes des notaires et
exempter de ses dispositions ceux pour lesquels il
n'a pas établi de tarif spécial. En effet, si le législateur a compris que certains actes, d'après leur
nature, ne pouvaient pas être évalués avec certitude et si, en conséquence, il n'en a point fixé le
prix, il a montré qu'il ne voulait point les soustraire
à la règle d'une fixation légale, puisque, par une
disposition expresse, il les a soumis à la taxe, et par
les articles 171 et 173, a confié leur évaluation dans
chaque cas particulier à l'appréciation du juge
commissaire ou du président du tribunal.

Les prohibitions, faites par le décret aux officiers
ministériels, de déroger à ses dispositions s'étendent
aux notaires aussi bien qu'aux avoués et huissiers et

aux actes non tarifés spécialement comme à ceux qui le sont. Si les articles 129 et 151, qui contiennent ces prohibitions, sont placés dans d'autres chapitres que celui particulier aux notaires, cependant ceux-ci sont nommés expressément dans l'article 151 et l'article 171 se réfère aux articles 113 et 129 pour les remises accordées en cas d'adjudication. Ainsi les prohibitions de ces articles sont générales et sans exception [1] ».

Ces considérations nous paraissent fort justes, néanmoins, pour nous, cette règle que tous les actes notariés doivent être soumis à la taxe ne peut pas être étendue au delà de ses limites naturelles. Si, après que la mission du notaire est terminée, les parties libres et indépendantes acceptent une fixation amiable et l'exécutent, elles perdront le droit d'exercer contre le notaire un recours quelconque. L'action en répétition ou en rescision ne serait ouverte qu'au cas d'erreur ou de fraude. [2]

Les modifications apportées par ce permier tarif de 1807 peuvent se résumer ainsi :

1° Le règlement amiable n'est plus permis pour les actes *tarifés*. La volonté du législateur a supplanté celle des parties intéressées.

---

[1] Dalloz, *Rép.* v° Notaire, n° 515 et note 1.
[2] Dalloz, *Rép.* v° Notaire, n° 509.

2° Le règlement amiable est autorisé pour les actes *non tarifés*, mais il ne vaut que comme convention et il est toujours possible de recourir à la taxe.

Un deuxième tarif, tout récent puisqu'il ne date que de 1898, a aboli presque totalement chez nous le principe du règlement amiable. Il a mis fin aux longues discussions engagées depuis le commencement de ce siècle sur la question de savoir s'il était possible de créer un tarif légal pour tous les actes notariés et il a comblé les vœux de presque tous les notaires.

Retraçons rapidement les différentes phases de cette évolution et voyons par suite de quels événements nous possédons enfin la réforme tant désirée.

Dès l'organisation du notariat, on avait eu la pensée de créer un tarif général. Le Conseil des Cinq Cents, malgré le Conseil des Anciens, avait proposé à la date du 1er floréal an VIII : que les honoraires fussent réglés par les parties de gré à gré, sinon par les tribunaux, sur simples mémoires, *d'après un tarif qui serait fait par une loi particulière*. Quelques années plus tard, Jaubert déclara au Corps législatif, lors du vote de la loi du 25 ventôse an XI, que la différence des lieux, des personnes et des choses rendrait un tarif impossible à rédiger selon les règles de la

2° Le règlement amiable est autorisé pour les actes *non tarifés*, mais il ne vaut que comme convention et il est toujours possible de recourir à la taxe.

Un deuxième tarif, tout récent puisqu'il ne date que de 1898, a aboli presque totalement chez nous le principe du règlement amiable. Il a mis fin aux longues discussions engagées depuis le commencement de ce siècle sur la question de savoir s'il était possible de créer un tarif légal pour tous les actes notariés et il a comblé les vœux de presque tous les notaires.

Retraçons rapidement les différentes phases de cette évolution et voyons par suite de quels événements nous possédons enfin la réforme tant désirée.

Dès l'organisation du notariat, on avait eu la pensée de créer un tarif général. Le Conseil des Cinq Cents, malgré le Conseil des Anciens, avait proposé à la date du 1er floréal an VIII : que les honoraires fussent réglés par les parties de gré à gré, sinon par les tribunaux, sur simples mémoires, *d'après un tarif qui serait fait par une loi particulière*. Quelques années plus tard, Jaubert déclara au Corps législatif, lors du vote de la loi du 25 ventôse an XI, que la différence des lieux, des personnes et des choses rendrait un tarif impossible à rédiger selon les règles de la

pour une transaction? Cela est impossible, vous allez en être convaincus. Rien n'est plus simple, assurément, qu'une procuration pour un objet unique, par exemple pour paraître au bureau de paix; on la rédigera, je suppose, pour 5 francs. Mais s'il s'agit d'une procuration pour gérer une usine, pour suivre les opérations d'une société de commerce, pour faire toutes les affaires d'un homme qui va s'absenter pour un voyage de long cours, le même salaire sera-t-il en proportion avec le travail de prévision qu'aura exigé cette procuration? Pour les ventes, l'impossibilité d'arriver à une taxe uniforme est encore plus palpable : si deux paysans viennent chez un notaire lui dire : Moi, Paul, j'ai vendu à Pierre un journal de terre moyennant 200 francs, écrivez. Certes, voilà un acte fort simple, il sera bientôt dressé, le taux n'en sera pas cher; mais si le vendeur et l'acheteur ne sont pas d'accord; s'il faut longuement discuter sur le prix, sur les termes, sur l'établissement de la propriété, si l'acheteur, soupçonnant que son vendeur a de mauvaises affaires, prie le notaire d'étudier minutieusement sa position, de vérifier les titres, de voir s'il a bien payé, lui et ses auteurs, en remontant à plus de trente années; quel prix la loi assignera-t-elle d'avance à une telle suite de travaux? La même observation s'applique aux liquidations, selon qu'une succession sera faible ou considérable, nette ou embrouillée, selon qu'elle pourra finir en peu de jours ou durer plusieurs années. Que dirai-je surtout des transactions, de ces actes qui sont le triomphe du notariat et dans lesquels les hommes qui exercent cette profession se font tant d'honneur quand ils ont été, je ne dis pas seulement les rédacteurs du traité de paix, mais les négociateurs, les plénipotentiaires, les promoteurs de la conciliation; quand par leurs sages conseils, à force de soins, d'assiduité, de persévérance, ils sont parvenus à rapprocher les esprits, à réunir les volontés et qu'ils sont venus à bout de terminer un procès existant ou de prévenir un procès prêt à éclater? Faites donc descendre de pareils services au taux fixé d'avance par un tarif froidement calculé! Avec un prix invariable pour telle ou telle nature d'actes, on ferait alternativement injustice au notaire et à la partie, on risquerait perpétuellement d'accorder ou trop ou peu. Trop en prenant pour base un prix moyen qui se trouverait exagéré pour les affaires minimes et insuffisant quand on l'appliquerait à des intérêts considérables et à des travaux de difficile appréciation. Avec cette uniformité de salaire et de récompense, vous détruiriez toute émulation; l'acte mal fait serait aussi bien payé que l'acte rédigé avec soin; l'acte le plus succinct autant que l'acte le plus compliqué; le notaire

inhabile et insouciant autant que l'homme soigneux
et expérimenté. »

La question fut reprise en 1844 par M. le Baron
de Daunant « président de la Cour Royale ». Il est,
lui d'un avis opposé à M. Dupin, et démontre en
ces termes [1] la possibilité de la réforme désirée :

« Lorsque les notaires demandent qu'il y ait un
tarif pour leurs actes, ils ne demandent que ce qu'ont
déjà obtenu les avoués, les huissiers, les commissaires-priseurs, en un mot, les autres officiers ministériels. Non seulement cela est dans l'intérêt des notaires, mais c'est aussi dans l'intérêt des parties.
Ainsi, supposez un canton éloigné du chef-lieu : un
notaire remet à un paysan un compte arbitrairement fait par lui ; ce paysan doit l'accepter, sauf un
recours devant le président du tribunal. Eh bien !
c'est là un remède extrême auquel on n'a presque
jamais recours. Il en résulte un arbitraire fâcheux ;
dans un canton, un notaire passe des actes au rabais ; dans un autre où il n'y a pas de concurrence,
on les ferait, au contraire, payer fort cher. Je ne
sais si tout le monde l'a remarqué comme moi,
mais je sais qu'il y a beaucoup d'abus. Il me semble
que la demande d'officiers publics qui veulent une

[1] Séance du 4 juin 1844. — *Moniteur Universel* du 5 juin
1844, page 1624.

règle, ne devrait pas être repoussée aussi dédaigneusement que par l'ordre du jour, et que ce serait bien le moins que M. le Garde des Sceaux examinât la question. »

Le résultat pratique de la vive discussion qui s'engagea à la Chambre fut le renvoi de la demande au Garde des Sceaux. Mais la solution se faisait toujours attendre, les projets affluaient et les renvois succédaient aux renvois.

Enfin, le 23 décembre 1850, M. Rouher, ancien ministre de la justice, déposait une proposition tendant à créer pour et contre les notaires une prescription de 5 ans[1]. L'article 4 disait en outre : « Des règlements d'administration publique, faits par le Conseil d'Etat, détermineront par ressorts de Cour d'appel ou par arrondissements, les honoraires qui seront dus aux notaires pour tous les actes de leurs fonctions, frais de voyage, droits d'expéditions, communication d'actes et autres droits divers. » La proposition de M. Rouher fut prise en considération, et quelques mois plus tard, elle était renvoyée au Conseil d'Etat. « La Commission, disait le rapporteur[2], pense qu'il convient de recourir aux lu-

---

[1] Cette partie de la proposition de M. Rouher a été consacrée législativement par la loi du 5 août 1881.

[2] Rapport de M. Boinvilliers à la séance du 30 juin 1851. Supplément au *Moniteur Universel* du 1ᵉʳ juillet 1851.

mières du Conseil d'Etat et de soumettre à son examen les questions que soulève la proposition de l'honorable M. Rouher, non seulement sur le mode de confection, mais encore et avant tout sur la question même de l'établissement du tarif. »

Grâce à M. Rouher, la marche en avant s'accentuait plus rapide et une enquête sérieuse commençait bientôt. Le Conseil d'Etat consulte, en effet, la Cour de cassation et les Cours d'appel. Tous croient possible et utile la création d'un tarif et cependant le tarif n'est pas créé. Aussi de 1875 à 1880, de nouvelles pétitions sont envoyées aux Chambres toujours sans résultat.

Un arrêt se produit dans les récriminations à la suite de la loi du 5 août 1881. Cette loi, nous le savons, fixait une prescription pour la taxe des actes notariés : l'action des notaires, en paiement des sommes qui leur sont dues, se prescrira, dit-elle, par cinq ans à partir de la date des actes et celle des parties, pour les demandes en taxe et en restitution d'honoraires, par deux ans à partir du paiement ou du règlement. Elle donnait satisfaction partielle à ceux qui ne demandaient le tarif que pour ne pas avoir à craindre pendant trente ans — législation de droit commun à laquelle il n'avait pas été dérogé — les réclamations de leurs clients, mais elle ne les rassurait pas entièrement.

Enfin, en 1890, nous entrons dans la période finale. C'est à cette époque, en effet, que remontent les premiers documents officiels relatifs à la loi intitulée : « Loi relative au recouvrement des frais dus aux notaires, avoués et huissiers. » Cette loi suivait son cours normal allant de la Chambre au Sénat et du Sénat à la Chambre, lorsqu'à la séance du 18 janvier 1891[1], M. Antonin Dubost, ministre de la justice, dépose sur le bureau du Sénat une disposition additionnelle relative à l'établissement d'un tarif légal pour les notaires. L'article 7 était ainsi conçu : « Le gouvernement est autorisé à fixer par un ou plusieurs règlements d'administration publique les honoraires, vacations, frais de rôle et de voyage et autres droits qui peuvent être dus aux notaires, à l'occasion des actes de leur ministère. » Quelques mois plus tard, à la séance du 13 mars 1891[2], le rapporteur de la loi, M. Bisseuil, demande le rejet pur et simple de l'article 7 en déclarant que la Commission ne l'a pas étudié au fond, parce qu'elle considère qu'il sort du cadre qui lui a été assigné. Mais il ne s'oppose pas à ce que la proposition soit étudiée séparément par une Commission spéciale. Une vive discussion s'engage alors entre M. Labiche,

---

[1] Sénat. Documents parlementaires, Annexe n° 8.
[2] Sénat. Séance du 13 mars 1891.

qui demande l'adoption de l'article 7, M. Monis, qui veut savoir du Ministre quel usage il fera du blanc-seing qu'on lui donne, et M. le rapporteur. Finalement, M. Labiche triomphe, l'article 7 est adopté, et le Sénat décide qu'il passera à une deuxième délibération — M. Léonce de Sal est alors chargé d'établir un rapport sur cet article 7. Il dépose, à la séance du 28 mai 1895[1], sur le bureau du Sénat, un projet de loi ayant pour objet d'autoriser le gouvernement à tarifer les frais dus aux notaires. La délibération sur ce projet a lieu dans la séance du 11 novembre 1895[2]. L'urgence en est déclarée et après quelques observations, les trois articles sont adoptés. La Chambre des Députés est appelée ensuite à discuter dans sa séance du 16 juin 1896[3] le projet voté par le Sénat. La Commission étant d'accord avec le gouvernement, le vote a lieu sans aucune modification.

Cette loi a été insérée au *Journal Officiel*, à la date du 20 juin 1896. Elle a pour titre : « Loi ayant pour but d'autoriser le gouvernement à fixer par un ou plusieurs règlements d'administration publique les honoraires, vacations, frais de rôle et autres droits

---

[1] Sénat. Séance du 28 mai 1895.
[2] Sénat. Séance du 14 novembre 1895.
[3] Chambres des Députés. Séance du 16 juin 1896.

qui peuvent être dus aux notaires, à l'occasion des actes de leur ministère. »

Elle est ainsi conçue :

Article 1er. — Il sera dressé au moyen de règlements d'administration publique, par ressort de Cour d'Appel, le département de la Seine excepté, un tarif des honoraires, vacations, frais de rôles et de voyages, et autres droits qui peuvent être dus aux notaires à l'occasion des actes de leur ministère.

Il sera dressé, en la forme indiquée au paragraphe premier, un tarif spécial pour les notaires du département de la Seine.

Ces divers tarifs pourront faire l'objet de décrets successifs.

Article 2. — Pour les actes qui n'auraient pas été compris dans le tarif, les frais seront, à défaut de règlement amiable entre les notaires et les parties, taxés par le président du tribunal de la résidence du notaire.

Article 3. — Toutes dispositions contraires aux décrets qui seront rendus en exécution de la présente loi, seront abrogées à partir de la promulgation de ces décrets.

Le gouvernement se trouvait, par le fait de cette loi, forcé de prendre les mesures nécessaires pour la création, par ressort de Cour d'Appel, d'un tarif légal.

Le Ministre de la Justice, par un décret du 16 juillet 1896, institue une Commission de seize membres et la charge de préparer les tarifs. De suite, cette Commission se met au travail et le 7 février 1897 les projets de décrets sont soumis au Conseil d'Etat. Voulant connaître les modifications que ces nouveaux tarifs allaient apporter, le Conseil d'Etat demande qu'il soit fait une enquête à ce sujet. Cette enquête, terminée seulement à la fin de 1897, établissait que dans certaines régions, le produit des études était augmenté et que dans d'autres, il était diminué. Pour éviter ces augmentations ou ces diminutions, on procéda à une nouvelle enquête. Dans chaque Cour d'Appel, chaque Chambre des notaires nomma un délégué, et ces délégués se réunirent au siège de leur Cour. La découverte des causes de variation et des moyens d'y remédier fut le résultat de cette deuxième enquête. Les travaux de recherches étaient dès lors terminés, on avait un tarif légal qui ne modifiait que légèrement les anciens tarifs officieux des Chambres des notaires et il ne restait plus qu'à transformer en décrets ces projets approuvés successivement par le Conseil d'Etat et le Ministre de la Justice ; c'est ce qui a été fait le 25 août 1898, jour de la signature des décrets, par le Président de la République.

Ces décrets ont été promulgués au *Journal officiel*

les 1er, 2, 3, 4 et 5 septembre 1898, ils sont au nombre de vingt-sept [1]. Ils comprennent deux parties. La première renferme des dispositions générales qui sont les mêmes pour toutes les Cours d'appel [2], la deuxième donne le tarif pour chaque Cour des différents actes notariés. Ils ont été exécutoires un jour franc après que le *Journal officiel* qui les contient est parvenu au chef-lieu de l'arrondissement [3] et n'ont pas eu d'effet rétroactif. Ces tarifs constituent une œuvre législative, ils ont été rendus par le pouvoir exécutif, en vertu de la loi du 20 juin 1896, dont ils forment le couronnement. Par suite, si dans l'avenir il était nécessaire de modifier quoi que ce soit, il faudrait une loi nouvelle. Nous ne parlons pas évidemment des modifications purement matérielles, elles constituent des erreurs qu'il est toujours pos-

[1] Le *Journal officiel* du 1er septembre contient les tarifs applicables aux Cours d'Agen, Aix, Amiens, Angers, Bastia; celui du 2, les tarifs des Cours de Besançon, Bordeaux, Bourges, Caen. Chambéry, Dijon et Douai; celui du 3, les tarifs des Cours de Grenoble, Limoges, Lyon, Montpellier, Nancy, Nîmes; celui du 4, les tarifs des Cours d'Orléans, Paris, Pau, Poitiers, Rennes, Riom et celui du département de la Seine; enfin le *Journal officiel* du 5 contient les tarifs de Rouen et de Toulouse.

[2] Il n'existe qu'une seule modification. Dans l'article 13, un paragraphe 3 a été ajouté pour le département de la Seine.

[3] Décret du 5 novembre 1870, art. 2.

sible au pouvoir exécutif de réparer dès qu'il s'en aperçoit. Du reste un erratum a déjà paru au *Journal officiel* du 31 décembre 1898.

Maintenant que la création des tarifs est un fait accompli, nous n'avons plus à en démontrer la possibilité. La seule question qui à ce sujet puisse nous venir à l'esprit, c'est celle-ci : Pourquoi s'est-on contenté de tarifs spéciaux à chaque Cour d'appel? Pourquoi n'a-t-on pas fait un tarif général, unique pour toute la France?

La création d'un tarif général aurait certainement comblé les vœux du législateur, « il est évidemment désirable qu'on ne porte aucune atteinte au grand principe de l'unité de législation, considéré à juste titre comme un des éléments de notre force et de notre grandeur nationale », mais en la matière, il nous semble que cette création était impossible. La France est sans contredit un des pays où l'unification a été le mieux établie. Entre toutes nos anciennes provinces, il n'existe plus à l'heure actuelle que de légères dissemblances; grâce à la nouvelle division administrative adoptée en 1790, les habitudes de chacun se sont modifiées, puis les voies de communication — routes et chemins de fer — ont permis à tous de se rendre un compte exact de la vie de ses voisins et aujourd'hui nous ne pouvons constater ni

différences de langage, ni antipathies de races. De
plus l'agriculture et l'industrie ont tiré parti de tout,
elles ont utilisé dans chaque contrée ce qui était
utilisable, elles ont même parfois enrichi soudaine-
ment des pays jusque-là très pauvres. Cependant,
malgré tous nos efforts et tous nos progrès, nous
n'arriverons jamais à uniformiser totalement au
point de vue économique et social les différentes
parties de la France. Nous aurons toujours des pays
de culture excellents à côté de pays rocheux et
escarpés, des cantons riches et des cantons pauvres.

C'est cette situation évidente qui nous amène à
dire qu'un tarif général aurait été impossible.

La rémunération d'un notaire varie en effet suivant les actes qu'il reçoit. Or, ces actes sont différents selon les pays. Dans certains les baux à ferme
forment la presque totalité; dans d'autres nous n'en
avons que très peu, mais ils sont plus importants.
Les honoraires devront donc être plus élevés pour
les baux à ferme dans les pays où l'on n'en rédigera
guère, ils devront l'être moins dans les pays où l'on
en rédigera beaucoup. Dans le Doubs, il est dans
les usages qu'un fermier vend son bétail et son
outillage agricole, lorsqu'il quitte une ferme. C'est
ce que l'on appelle la « foire franche ». Si l'on appliquait à cette adjudication le tarif légal fixé par la loi
pour les commissaires-priseurs et qui est de 6 pour 100

les cultivateurs, avec raison, le trouveraient exagéré. Il s'agit en effet d'objets mobiliers ayant une certaine valeur. Aussi les notaires ont-ils abaissé dans cette région le tarif à 2 ou 3 pour 100. Il est des pays régis par le régime dotal, d'autres dans lesquels le régime de la communauté est seul connu. Dans certaines régions les achats sont réglés au comptant, dans d'autres les prix sont payables à terme. Ici le vendeur impose à son acquéreur les frais de recouvrement; là, il les supporte directement. Dans certaines localités, le vendeur paie les frais des adjudications; dans d'autres, l'adjudicataire impose comme condition absolue que les frais seront fixés à forfait avant l'adjudication. C'est en se basant sur cette diversité de coutumes et d'usages qu'avaient été combinés les tarifs des Chambres. Prendre une moyenne de tous ces tarifs et rendre cette moyenne obligatoire pour toute la France eût donné des résultats détestables. On aurait ainsi bouleversé de fond en comble le notariat et il aurait été impossible de connaître à l'avance et pour chaque étude les effets du nouveau tarif. Un tel bouleversement aurait amené la chute de certaines études et peut-être l'enrichissement scandaleux de certaines autres.

Le mieux était donc de s'en tenir à peu près à la situation existante. On possédait des tarifs spéciaux que chaque Chambre avait depuis longtemps établis

les cultivateurs, avec raison, le trouveraient exagéré.
Il s'agit en effet d'objets mobiliers ayant une certaine valeur. Aussi les notaires ont-ils abaissé dans cette région le tarif à 2 ou 3 pour 100. Il est des pays régis par le régime dotal, d'autres dans lesquels le régime de la communauté est seul connu. Dans certaines régions les achats sont réglés au comptant, dans d'autres les prix sont payables à terme. Ici le vendeur impose à son acquéreur les frais de recouvrement; là, il les supporte directement. Dans certaines localités, le vendeur paie les frais des adjudications; dans d'autres, l'adjudicataire impose comme condition absolue que les frais seront fixés à forfait avant l'adjudication. C'est en se basant sur cette diversité de coutumes et d'usages qu'avaient été combinés les tarifs des Chambres. Prendre une moyenne de tous ces tarifs et rendre cette moyenne obligatoire pour toute la France eût donné des résultats détestables. On aurait ainsi bouleversé de fond en comble le notariat et il aurait été impossible de connaître à l'avance et pour chaque étude les effets du nouveau tarif. Un tel bouleversement aurait amené la chute de certaines études et peut-être l'enrichissement scandaleux de certaines autres.

Le mieux était donc de s'en tenir à peu près à la situation existante. On possédait des tarifs spéciaux que chaque Chambre avait depuis longtemps établis

senté. Ce moyen, on l'avait trouvé, en déclarant que le président du tribunal taxerait les frais des notaires. Dans la plupart des cas, il était suffisant, mais dans certaines circonstances, il donnait lieu à des abus. Les honoraires étant la rémunération d'un travail intellectuel, il est absolument impossible à quiconque ne voit que le travail matériel de fixer la rémunération. Aussi les magistrats taxateurs avaient-ils pris souvent comme base de leur taxe le règlement de la Chambre. Cela les obligeait à changer leur méthode chaque fois qu'ils étaient déplacés. Jusqu'ici nous n'apercevons aucun inconvénient. Il n'en est plus de même si nous supposons que le magistrat taxateur refuse d'admettre les tarifs de la Chambre. Ces tarifs n'étant nullement obligatoires pour les notaires ne l'étaient pas *a fortiori* pour les magistrats. Il arrivait de la sorte qu'à un magistrat qui avait adopté le règlement succédait un autre qui ne l'adoptait pas. C'était pour les notaires une grande incertitude, un inconvénient auquel on a bien fait de remédier. Du reste, comme le dit M. Moulin[1], « l'empire de la règle et de la loi, en pareille matière, est toujours préférable au pouvoir discrétionnaire d'un seul homme, qui ne doit être établi ou maintenu que lorsqu'il est d'une absolue

[1] Rapport présenté à la Chambre des Députés en 1846. Supplément au *Moniteur universel* du 1er juillet 1851.

nécessité. Confier à un magistrat, même le plus honorable et le plus haut placé dans l'arrondissement, le soin de régler, en l'absence de toute fixation légale, les honoraires et les vacations des notaires, c'est l'ériger en législateur, c'est lui confier une sorte d'arbitraire dont il est lui-même souvent embarrassé. Il arrive ainsi qu'un président de tribunal accorde ce qu'un autre refuse, que des différences étranges, choquantes existent, quant au règlement des honoraires, entre deux arrondissements contigus, que les notaires et les clients sont forcés de subir les incertitudes, les inégalités, les erreurs d'une volonté et d'une appréciation purement individuelles ». Aujourd'hui, au contraire, toutes ces difficultés ont disparu. Le notaire peut présenter son compte en ayant la certitude qu'il ne sera pas réduit par le président du tribunal. Son honneur, sa dignité ne dépendent plus comme autrefois de l'arbitraire d'une taxe et l'on peut poser en principe que tout compte susceptible de réduction a dû être établi de mauvaise foi. En subissant la réduction, le notaire ne recevra qu'un juste châtiment. Ce ne sera, du reste, pas le seul puisque l'article 4 du décret du 25 août 1898 décide : « Il est interdit aux notaires, sous peine de restitution et de poursuites disciplinaires, s'il y a lieu, d'exiger des droits et honoraires plus élevés que ceux portés au tarif. »

des autres Cours d'appel ou des villes ayant plus de
30.000 habitants, avaient droit à un dixième en
moins. Les notaires de deuxième classe n'avaient
que les deux tiers des premiers, et les notaires de
troisième classe la moitié seulement. Le taux des
vacations, par exemple, était ainsi fixé : 9 fr. pour
les notaires de Paris, Lyon, etc...; 8 fr. 10 pour ceux
des villes dont la population dépassait 30.000 habitants; 6 fr. pour les notaires des localités où sié-
geaient les tribunaux de première instance et 4 fr.
pour les autres. Cette diversité n'était ni juste, ni
équitable. On avait beau prétendre, pour la justi-
fier, que les charges de la vie matérielle étaient plus
lourdes dans les grandes villes que dans les cam-
pagnes, il n'en restait pas moins évident que le
travail était toujours le même. Du reste, si l'on
tenait compte des charges de la vie matérielle, il
fallait étendre la même distinction à tous les honoraires des notaires, c'est ce qui n'a jamais été fait.
Pour remédier à cette inégalité, la plupart des projets avaient admis un tarif uniforme. C'est ce principe qu'a adopté le législateur belge, il alloue 9 fr.
à toutes les classes de notaires. Chez nous, on s'est
contenté d'une demi-mesure. On a divisé les
notaires en deux catégories. La première est formée
par les notaires des Cours d'appel et de villes dont
la population excède 30.000 âmes, il leur est alloué

8 fr. La seconde s'étend à tous les autres notaires;
ils n'ont droit qu'à 6 fr. (art. 20). Nous croyons
qu'il eût été préférable de ne faire aucune distinction. Pourquoi rétribuer différemment le même travail? Nous croyons surtout qu'il eût fallu établir un
taux plus élevé. Les notaires de troisième classe ont
seuls gagné 2 fr. à la transformation.

La création du tarif supprime encore un autre
inconvénient, la concurrence déloyale. Sous l'empire
de la législation précédente, certains notaires, ou-
bliant tout lien de confraternité, cherchaient par
divers moyens à augmenter leur clientèle et dimi-
nuaient par là même celle de leurs voisins. Le com-
promis sur les honoraires était le moyen le plus
employé et c'était aussi celui qui réussissait le mieux.
Les clients étaient attirés par des réductions de prix
qu'ils n'obtenaient dans aucune autre étude, puis
par un simple sentiment de reconnaissance, ils reve-
naient au notaire séducteur. Souvent le mal ne s'ar-
rêtait pas à cette première phase, et il arrivait parfois, lorsqu'il se trouvait dans le même ressort deux
notaires sans éducation, qu'une véritable chasse au
client fût organisée. Chacun d'eux, pour avoir la
clientèle de son voisin, passait des actes au rabais
et comme à cette attaque l'autre répondait par un
rabais plus fort, la lutte continuait jusqu'à la sup-
pression totale des honoraires. Cette pratique, heu-

reusement rare, était pour tous un sujet de honte et
de scandale. Aujourd'hui elle a totalement disparu.
Le paragraphe 2 de l'article 1 nous dit en effet :
« Les notaires peuvent faire remise de la totalité
des honoraires d'un acte ; ils ne peuvent en accorder
la remise partielle qu'avec l'autorisation de la
chambre de discipline. » Cet article ne permet à
un notaire de remettre que la totalité de ses honoraires. Si pour des raisons particulières, il veut
faire remise de moitié, du tiers, du quart, il ne le
pourra pas. L'article 1 s'y oppose.

N'est-ce pas là un empiétement sur la liberté indi-
viduelle? En quoi un notaire voisin aurait-il été
lésé si son confrère avait dispensé, après l'acte fait,
un de ses clients de lui payer une partie de ses
honoraires? Ne peut-on pas supposer que cette libéralité est inspirée au notaire par des sentiments de
famille, d'amitié, de reconnaissance? Pourquoi présumer que cet acte généreux est le résultat d'un
sentiment vil? Il nous semble que le législateur
aurait mieux fait de laisser ce point sous l'empire
du droit commun. En effet, d'après les principes
généraux, la remise de la dette est la renonciation
gratuite, faite par un créancier en faveur de son
débiteur, au droit d'exiger en tout ou en partie le
paiement de sa créance. Si nous examinons le cas
spécial d'une remise partielle d'honoraires faite par

un notaire à son client, nous y trouvons tous les éléments jugés nécessaires pour la validité de la remise : *renonciation gratuite* faite par le *créancier* — le *notaire* — en faveur de *son débiteur* — le *client* — au droit d'exiger *tout ou partie* de la créance. Pourquoi traiter alors le notaire d'une façon particulière? Pourquoi ne pas lui laisser sa liberté entière? Sans doute, l'abaissement inconsidéré des tarifs pourrait amener le discrédit sur le notariat, il pourrait même permettre une concurrence déloyale, nous venons de le démontrer, mais était-ce là une raison suffisante pour porter atteinte au principe de la liberté du notaire? Nous croyons que ce § 2 de l'article 4 n'aurait pas dû être aussi radical. Nous sommes persuadés que l'autorité morale des chambres de discipline aurait suffi à empêcher cet abaissement des honoraires fait dans un but de cupidité. Mais il eût fallu pour cela réglementer d'une façon très sérieuse la composition de ces chambres de discipline et empêcher qu'un incapable ou un indolent fût compris parmi leurs membres. Il faut pour ces fonctions des hommes d'énergie et des hommes de grande moralité. Et puis ne pouvait-on pas supprimer ce chancre rongeur du notariat « et fermer l'accès de la corporation à tous ces aspirants sans éducation qui l'encombrent aujourd'hui et n'y opposent que des habitudes et des instincts pernicieux [1] ? » Ne pouvait-on pas enfin rédiger un alinéa dans lequel on aurait interdit les remises partielles d'honoraires *faites dans le but de modifier la clientèle?*

Si nous considérons maintenant cette clientèle du notaire, nous nous rendrons facilement compte des avantages produits par la tarification légale. Que se passait-il en effet durant ces dernières années ? Le client soupçonneux était obligé de demander la taxe et les frais de cette taxe venaient pour lui s'ajouter à ceux qu'il devait déjà. Aussi préférait-il payer sans récrimination, c'était plus simple. En fait les demandes de taxe étaient rares ; le notaire présentait un compte auquel souvent son débiteur ne comprenait rien et ce compte était réglé. Aujourd'hui la situation est totalement changée. Le débiteur peut vérifier par lui-même la demande d'honoraires qui lui est adressée, il peut en contester la légitimité sans avoir à recourir au président du tribunal. Cette vérification sera d'autant plus facile qu'en vertu de l'article 9 du décret, les parties peuvent, avant tout règlement, réclamer au notaire le compte détaillé des sommes dont elles sont redevables. Ce compte énumérera et divisera les frais relatifs à l'acte ; s'il s'agit d'honoraires proportionnels, il mentionnera les chiffres du calcul ; s'il s'agit d'actes tarifés par

---

[1] *Etude sur le notariat français*, p. 129.

vacations, il indiquera le nombre de vacations. De plus, et toujours d'après ce même article, le compte sera établi sur deux colonnes, l'une destinée aux déboursés comprendra les droits de timbre, d'enregistrement et d'hypothèque, les frais de correspondance et les sommes payées pour des formalités diverses ; l'autre ne concernera que les honoraires. L'article 24 augmente encore les garanties du client en imposant aux notaires l'obligation de tenir dans leur étude, à la disposition de toute personne qui en fera la demande, un exemplaire du tarif fixant leurs honoraires. En comparant le tarif et le compte, le client s'assurera facilement que les frais ont ou n'ont pas été surélevés. S'il y a lieu, il fera des observations au notaire et d'un commun accord, ils rectifieront les erreurs.

Maintenant que nous connaissons les réformes utiles apportées par les nouveaux décrets de 1898, voyons si, en dehors des critiques que nous avons été amenés à formuler précédemment, il n'est pas possible de leur en adresser d'autres.

L'article 22 du décret donne seul place, selon nous, à un reproche assez important. Cet article fixe l'indemnité due aux notaires pour frais de voyages[1] et il accorde une indemnité insuffisante.

[1] Art. 22. Lorsque le notaire est obligé de se transporter

D'après le décret de 1807 (art 170) le notaire qui se transportait à plus d'un myriamètre de sa résidence avait droit, indépendamment de sa journée, à une indemnité de transport et de nourriture qui était fixée par chaque myriamètre à un cinquième des vacations et autant pour le retour. Sa journée lui était payée au moyen de vacations qui étaient comptées à raison de quatre vacations pour cinq myriamètres à l'aller et autant au retour. Ce décret avait donné lieu à de nombreuses observations ; il n'allouait des frais de voyages qu'à partir de dix kilomètres ; puis ces frais, surtout pour les longues distances, étaient excessifs.

Le tarif actuel accorde des frais de voyage à partir de deux kilomètres [2] et il distingue selon que le

dans une localité éloignée de plus de 2 kilomètres de sa résidence, il perçoit pour frais de voyages, par kilomètre parcouru, en allant et en revenant :

1° 20 centimes si le transport a été effectué en chemin de fer ;

2° 40 centimes si le transport a eu lieu autrement.

Si le déplacement exige plus d'une journée, il est alloué, en outre, 10 fr. par journée.

Tout voyage requis la nuit est payé double.

Il n'est alloué qu'un seul droit de transport pour la totalité des actes que le notaire aura faits dans un même déplacement.

[2] Certains tarifs portaient à partir de 3 kilomètres. L'erratum du 31 décembre a rectifié l'erreur en disant à partir de 2 kilomètres.

transport est affectué en chemin de fer ou d'une autre manière. Dans le premier cas, l'indemnité est fixée à vingt centimes par kilomètre parcouru, soit à l'aller soit au retour. Dans le second, elle est de quarante centimes. La plupart du temps, ces indemnités seront inférieures aux déboursés du notaire. Outre ses frais de transport, il aura à payer sa nourriture et quelquefois même son coucher. Les dix francs qu'on lui alloue dans ce dernier cas sont loin d'être suffisants, ils ne sont que la représentation des frais occasionnés par la longueur du déplacement, ils seront dépensés facilement. Nous croyons qu'il eût été plus juste de rémunérer aussi le temps employé au voyage, puisque ce temps est entièrement perdu pour le notaire. Sans doute certains notaires auraient pu dans un esprit de gain se transporter avec trop de facilité loin de leur étude et rechercher dans des frais de voyages les bénéfices qu'un acte de peu d'importance ne leur procurerait pas. Mais c'est là un abus dont il n'aurait pas fallu faire souffrir toute la corporation. On n'a pas voulu, dit-on, que les notaires voyagent trop facilement, mais n'a-t-on pas à craindre maintenant qu'ils ne voyagent plus du tout ! Donc, pour nous résumer, nous disons qu'il aurait fallu prendre au moins l'indemnité allouée par la loi belge, c'est-à-dire cinquante centimes par kilomètre à l'aller et au retour.

Il est juste de nous demander, à la suite de toutes les transformations apportées par les tarifs de 1807 et de 1898, ce qu'est devenu notre principe du règlement amiable.

L'article 7 de la loi du 24 décembre 1897 nous permet d'affirmer avec certitude que le règlement amiable reste toujours en vigueur. Il n'abroge l'article 51 de la loi du 25 ventôse an XI qu'autant que celui-ci est contraire aux dispositions nouvelles. Les principales modifications consistent en ce que la base et les effets de ce règlement sont désormais régis par les articles 3 et 4 de la loi de 1897. Mais le principe du règlement amiable reste ; les notaires peuvent demander et recevoir amiablement, avant toute taxe, le montant de leurs frais, soit par voie d'avance ou de provision, soit après l'accomplissement des actes susceptibles de taxe.

L'article 2 de la loi du 20 juin 1896 nous fournit aussi la preuve de l'existence de ce règlement amiable. Prévoyant le cas où certains actes ne seraient pas compris dans le tarif de 1898, il nous dit que les frais de ces actes seront, à défaut de règlement amiable entre le notaire et les parties, taxés par le Président du Tribunal de la résidence du notaire. Ici encore le règlement amiable est posé en principe. Une convention entre le notaire et son client déterminera le montant de l'honoraire ; les bases de cette convention seront, comme nous le savons déjà, la nature et l'importance de l'acte, les difficultés de rédaction et la responsabilité du notaire. La taxe ne sera nécessaire que si les deux parties n'arrivent pas à s'entendre.

L'article 3 du décret de 1898 nous signale enfin une autre sphère d'application du règlement amiable. Les émoluments, dus aux notaires, pour des travaux ou des missions dont ils seraient chargés à titre exceptionnel, sont réglés à l'amiable sous le contrôle des Chambres de discipline. On aura égard aux soins et aux peines du notaire, ainsi qu'aux difficultés surmontées. Si une convention a déterminé d'avance le montant de la rémunération, cette rémunération devra être accordée. Dans le cas où elle serait hors de proportion avec le service rendu, la partie pourra s'adresser à la Chambre de discipline, qui, tout entière, prendra une délibération. Sous peine disciplinaire, le notaire devra se soumettre, mais la partie n'y est nullement obligée. Elle pourra porter devant le juge sa réclamation et entreprendre un procès ordinaire.

cette convention seront, comme nous le savons déjà, la nature et l'importance de l'acte, les difficultés de rédaction et la responsabilité du notaire. La taxe ne sera nécessaire que si les deux parties n'arrivent pas à s'entendre.

L'article 3 du décret de 1898 nous signale enfin une autre sphère d'application du règlement amiable. Les émoluments, dus aux notaires, pour des travaux ou des missions dont ils seraient chargés à titre exceptionnel, sont réglés à l'amiable sous le contrôle des Chambres de discipline. On aura égard aux soins et aux peines du notaire, ainsi qu'aux difficultés surmontées. Si une convention a déterminé d'avance le montant de la rémunération, cette rémunération devra être accordée. Dans le cas où elle serait hors de proportion avec le service rendu, la partie pourra s'adresser à la Chambre de discipline, qui, tout entière, prendra une délibération. Sous peine disciplinaire, le notaire devra se soumettre, mais la partie n'y est nullement obligée. Elle pourra porter devant le juge sa réclamation et entreprendre un procès ordinaire.

est dans les usages de n'entreprendre aucun travail sans avoir au préalable reçu en garantie le dépôt d'une somme à peu près égale aux frais qu'occasionnera l'acte. Sans avoir acquis le développement qu'elle a chez les avocats, cette habitude tend de jour en jour à se généraliser et elle est accueillie sans récrimination par la plupart des clients. A Paris surtout, elle est devenue d'un usage journalier. C'est du reste très compréhensible. Les personnes qui viennent demander la rédaction d'un acte sont souvent totalement inconnues du notaire et on n'a pas à craindre comme en province de blesser certaines susceptibilités. Mais, est-elle légale? Le client, qui ne veut pas consigner d'avance, peut-il quand même contraindre le notaire à passer d'abord l'acte? Si le notaire n'avait pas dans notre législation une mission spéciale, s'il était un simple particulier, nous répondrions sans hésiter qu'il a le droit de ne prêter le concours de son ministère qu'à ceux qui consentent à le payer d'avance. Chacun peut, en effet, subordonner ses services à la condition qui lui plaît. La question change-t-elle d'aspect par suite de ce simple fait que les parties doivent forcement avoir recours au ministère du notaire qui a été établi, avons-nous dit, pour donner aux actes le caractère d'authenticité? Nous ne le croyons pas. D'abord, la théorie opposée nous amènerait à des conséquences inac-

ceptables. Comment pourrions-nous, en effet, forcer
un notaire à rédiger des actes que lui demanderait
un client mécontent ou farceur et pour lesquels il
serait obligé d'avancer des droits élevés de timbre
ou d'enregistrement ! Ce serait favoriser la mauvaise
foi, surtout si nous supposons que le client n'a jamais
eu l'intention de faire un acte sérieux. De plus, nous
suivrons sur ce point les doctrines de Rolland de
Villargues et de plusieurs autres auteurs [1] et surtout
nous nous trouverons en accord avec l'article 8 du
décret du 25 août 1898 : « Les notaires doivent réclamer la consignation des frais qu'ils auront à débourser pour les actes qu'ils sont chargés de dresser. »
Maintenant cette consignation est devenue une obligation pour le notaire. L'interprétation restrictive
de notre article nous amènerait à déclarer qu'il ne
s'applique pas aux honoraires et que par conséquent
le notaire ne peut en exiger la consignation. Mais
ce serait contraire à l'esprit du décret et cela lais-
serait subsister les inconvénients que nous avons
signalés. Aussi la généralité des auteurs admet que
le notaire peut refuser son ministère si les parties
ne consignent pas, en dehors des frais de timbre,
d'enregistrement et d'hypothèque, une somme repré-

<hr>

[1] Rolland de Villargues, *Rép.*, v° Notaire, n° 462 ; Dalloz,
Rép., v° Notaire, n° 532.

lège, n'a rien d'exorbitant. Il est la conséquence d'un autre principe que nous étudierons et qui décide que la remise de l'expédition constitue, sinon une présomption *juris et de jure*, du moins une présomption grave du paiement des frais et honoraires de l'acte.

Cette théorie, qui n'est légale que pour les expéditions, a été étendue aux grosses et aux extraits. On en comprend facilement le motif. La grosse n'est en effet qu'une expédition ordinaire revêtue de la formule exécutoire. Elle offre ce grand avantage de pouvoir être mise à exécution après un simple commandement et sans qu'il soit nécessaire de recourir à la justice. L'extrait n'est qu'une expédition partielle.

Une petite difficulté peut se produire dans le cas où une partie, débitrice envers le notaire des frais de plusieurs actes, demande l'expédition de l'acte le plus récent dont elle offre le coût et refuse d'acquitter les frais des actes antérieurs. Le notaire pourra-t-il refuser de remettre l'expédition demandée ? Nous ne le croyons pas, car nous sommes ici sous l'empire du droit commun. D'après l'article 1253 du Code civil, le débiteur de plusieurs dettes a le droit de déclarer, lorsqu'il paie, quelle dette il entend acquitter. C'est à lui qu'appartient le choix ; par conséquent, le notaire n'a qu'à s'incliner.

lège, n'a rien d'exorbitant. Il est la conséquence d'un autre principe que nous étudierons et qui décide que la remise de l'expédition constitue, sinon une présomption *juris et de jure*, du moins une présomption grave du paiement des frais et honoraires de l'acte.

Cette théorie, qui n'est légale que pour les expéditions, a été étendue aux grosses et aux extraits. On en comprend facilement le motif. La grosse n'est en effet qu'une expédition ordinaire revêtue de la formule exécutoire. Elle offre ce grand avantage de pouvoir être mise à exécution après un simple commandement et sans qu'il soit nécessaire de recourir à la justice. L'extrait n'est qu'une expédition partielle.

Une petite difficulté peut se produire dans le cas où une partie, débitrice envers le notaire des frais de plusieurs actes, demande l'expédition de l'acte le plus récent dont elle offre le coût et refuse d'acquitter les frais des actes antérieurs. Le notaire pourra-t-il refuser de remettre l'expédition demandée ? Nous ne le croyons pas, car nous sommes ici sous l'empire du droit commun. D'après l'article 1253 du Code civil, le débiteur de plusieurs dettes a le droit de déclarer, lorsqu'il paie, quelle dette il entend acquitter. C'est à lui qu'appartient le choix ; par conséquent, le notaire n'a qu'à s'incliner.

Le second moyen indirect de paiement, sanctionné par la jurisprudence, est un droit de rétention accordé au notaire. Pour la rédaction de la plupart leurs actes les notaires ont besoin de certains renseignements que les parties souvent ne peuvent leur donner. En pratique, les clients remettent à leur notaire toutes les pièces relatives à l'affaire en question, et c'est dans ces pièces que le notaire lui-même puise tout ce dont il a besoin. Après quelques hésitations, la jurisprudence autorise maintenant le notaire à conserver les pièces fournies jusqu'à ce qu'il ait été payé de ses frais. Un jugement du tribunal de la Pointe-à-Pitre en date du 13 mars 1838 [1] refusait ce droit aux notaires. Il était dit dans ses considérants : L'article 851 du Code de procédure ne renferme pas un droit de rétention, puisque le notaire, qui refuse l'expédition d'un acte, ne fait qu'un refus de sa propriété, l'acte lui appartenant, tant que le coût ne lui en est pas payé. Il ne s'agit dans l'espèce ni de dépôt, ni de rétention ou incorporation d'une chose ou d'une autre, ni d'impenses faites pour la conservation d'une chose ; il ne s'agit que d'un acte de confiance commandé par la loi qui veut que les pièces soient remises à l'officier chargé d'instrumenter, c'est pour ainsi dire une remise forcée et nécessaire, c'est sous

[1] Dalloz, *Rép.*, v° Notaire, n° 533 et note 2.

ce point de vue que le législateur a envisagé cette
remise entre les mains d'un officier public, puisqu'il
a porté la rigueur de son article 2060 du Code civil
jusqu'à prononcer la contrainte par corps contre lui
faute de remise [1]. Cette décision a été l'objet d'une
critique d'autant plus vive qu'elle est en désaccord
avec les principales règles de la matière. On observe
d'abord qu'il n'existe dans la législation aucune disposition prescrivant aux notaires de remettre les
pièces, qui leur ont été déposées pour la rédaction
d'actes, lorsque les parties ne sont pas libérées des
frais de ces actes. On déclare ensuite que la rétention
est permise par cela seul qu'elle n'est pas défendue.
On dit enfin : l'article 2060 § 7° du Code civil punit
de contrainte par corps les notaires, avoués et huissiers qui refusent la restitution des titres à eux con-
fiés sans motif légitime. Ces derniers mots ne sont
pas dans le texte même de l'article, mais ils résultent
de son esprit. Du reste, si nous comparons les avoués
aux notaires, nous verrons que ceux-ci, exerçant
une juridiction volontaire, sont dans une situation
bien supérieure. Or, une jurisprudence récente [2]

---

[1] La contrainte par corps a été abolie en matière civile,
commerciale et contre les étrangers par la loi du 22 juillet
1867 ; elle n'a été maintenue qu'en matière criminelle, correc-
tionnelle et de simple police.

[2] Cass. 10 août 1870. D. 71, 1, 40.

accorde formellement aux avoués le droit de rétention. Comment pourrions-nous le refuser aux notaires? Nous le leur accorderons tout entier et pour asseoir notre décision sur une base légale, nous dirons que les notaires sont des mandataires ordinaires ou de véritables dépositaires et qu'en cette qualité, ils ont le droit d'exiger, avant la remise des titres ou pièces en leur possession, le remboursement des frais faits par eux à l'occasion du mandat ou du dépôt qui leur a été consenti. Les notaires, actionnés par leurs clients en restitution des pièces remises, répondront par une simple exception. A la demande principale, ils opposeront une demande reconventionnelle en paiement des frais, et de la sorte si la restitution est ordonnée, les clients seront en même temps condamnés à payer les honoraires dont ils sont débiteurs [1].

Nous n'avons examiné le droit de rétention que sous une de ses faces : rétention des pièces remises au notaire. Il en existe une autre : rétention des sommes que le notaire peut devoir aux parties. Accorderons-nous au notaire ce second droit de rétention? Une réponse affirmative semble être la conséquence de la théorie que nous avons développée plus haut, nous nous trouvons dans une situa-

[1] Amiaud, *Tarif général des Notaires*, tome II, p. 263 ; *Dict. not.*, nᵒ 378.

tion identique. Et cependant nous devrons faire une distinction. Nous dirons que le notaire pourra se payer sur les sommes qui lui ont été confiées sans destination spéciale. Nous dirons au contraire qu'il ne le pourra pas lorsque les sommes lui auront été remises dans un but connu et accepté par lui. Il y a là une sorte de mandat que le notaire est obligé de remplir.

Ces différents moyens indirects de paiement peuvent pour des raisons diverses ne pas aboutir au résultat désiré. Il est possible, en effet, que les parties n'aient besoin ni de leurs expéditions, ni des titres déposés. Leurs conventions sont constatées d'une façon authentique, cela leur suffit; il leur importe peu d'avoir une copie littérale de ces conventions dont elles connaissent du reste les grandes lignes. En présence de cette situation, le notaire qui veut se faire payer, devra s'adresser aux tribunaux. Il fera établir le montant de sa créance et obtiendra la condamnation de ses clients.

Avant la loi du 24 décembre 1897, le notaire avait à sa disposition trois modes de poursuite différents. Il pouvait :

1° Ou réclamer simplement le paiement de ses déboursés, au moyen de l'exécutoire délivré par le juge de paix (loi du 22 frimaire an VII, art. 30).

2º Ou assigner directement les parties, après taxe préalable, devant le Tribunal de sa résidence (art. 60 et suiv. C. de procéd.).

3º Ou poursuivre son paiement, au moyen d'un exécutoire délivré, après taxe préalable, par le Président du Tribunal (loi du 5 août 1881, art. 3).

La loi du 22 frimaire an VII, qui avait organisé le premier de ces modes de poursuite, avait entrevu un cas spécial. Les notaires étant obligés d'avancer au Trésor public, non seulement les droits de timbre et d'enregistrement de leurs actes, mais aussi ceux des actes sous-seings privés qu'ils reçoivent en dépôt ou qu'ils énoncent dans leurs actes, il fallait leur donner un moyen prompt de rentrer dans leurs déboursés. L'article 30 de la loi du 22 frimaire avait résolu la question en disant : « Les officiers publics, qui, aux termes des dispositions précédentes, auraient fait pour les parties l'avance de droits d'enregistrement, pourront prendre exécutoire du juge de paix de leur canton pour leur remboursement. L'opposition qui serait formée contre cet exécutoire, ainsi que toutes les contestations qui s'élèveraient à cet égard seront jugées conformément à l'article 65 de la présente, relatif aux instances poursuivies au nom de la nation. »

La procédure en remboursement était donc excessivement simple. Le notaire présentait au juge de paix

de son canton, une requête en tête de laquelle il avait
transcrit la quittance des droits perçus par le rece-
veur et il communiquait à l'appui de sa demande,
la minute de l'acte revêtue de cette quittance. Le
juge de paix mentionnait la communication et délivrait un exécutoire, dont le greffier donnait une
grosse au notaire. Muni de ce titre exécutoire, le
notaire pouvait procéder à la saisie des biens meubles
et immeubles du débiteur, mais il ne pouvait prendre une hypothèque judiciaire. Celle-ci n'est accordée, en effet, qu'à la suite d'un jugement emportant
condamnation d'une des parties envers l'autre
(art. 2123, C. civ.). Ici, nous n'avons pas de jugement de condamnation, nous n'avons qu'un titre
exécutoire délivré par le juge de paix, après un
examen rapide. Cette simple délivrance ne préjuge
rien et le client peut toujours en contester la légitimité. Le Tribunal civil sera compétent, il jugera sur
simples mémoires, respectivement signifiés.

Cette procédure de l'exécutoire délivré par le juge
de paix n'était possible que lorsqu'il s'agissait de
réclamer des avances faites au Trésor. De plus même
pour ces avances, elle n'était pas obligatoire et le
notaire pouvait introduire directement sa demande
devant le tribunal civil de sa résidence. C'était là le
second mode de paiement forcé. Dans la pratique, il
était arrivé à supplanter presque totalement le premier.

Il arrive en effet très rarement qu'un notaire n'ait à réclamer à son client que des déboursés. la plupart du temps il veut aussi se faire payer des honoraires. En prenant exécutoire du juge de paix le notaire n'obtenait satisfaction qu'à demi, il était obligé d'intenter une seconde poursuite en paiement de ses honoraires. Si, au contraire, il intentait une action directe devant le tribunal civil, il était de suite remboursé de ses déboursés et honoraires.

Cette action directe devant le tribunal civil avait été établie par l'article 60 du Code de procédure civile : « Les demandes formées pour frais par les officiers ministériels, seront portées au tribunal où les frais ont été faits. » C'était devant le tribunal civil de la résidence du notaire, quel que fût le domicile des parties et quel que fût le chiffre de la demande que l'action devait être portée. Le juge de paix, étant incompétent *ratione materiæ*, ne pouvait en connaitre, lors même qu'elle était inférieure à 200 francs. On appliquait les règles ordinaires de procédure, sauf quelques modifications. Sa demande était dispensée du préliminaire de conciliation et il était donné, en tête de l'exploit introductif d'instance, copie du mémoire des frais qui devaient être taxés par le président du tribunal.

La loi du 5 août 1881 a créé un troisième mode de recouvrement.

Le projet primitif de cette loi avait uniquement pour but de fixer la durée de la prescription des frais dus aux notaires pour les actes de leur ministère et le délai dans lequel les parties seraient admises à se pourvoir en restitution des honoraires qu'elles prétendraient avoir indûment payés. (Art. 1 et 2).

L'article 3 tel qu'il a été voté était ainsi conçu :

« La taxe des actes notariés, régulièrement faite par le président du tribunal, donnera ouverture à un exécutoire qui sera délivré sur la réquisition du notaire par le greffier.

Les oppositions à taxe seront jugées en audience publique comme en matière sommaire.

Les jugements seront susceptibles d'appel dans les délais et formes ordinaires. »

Cet article 3 ne figurait ni dans l'exposé des motifs présenté à la Chambre des Députés par les auteurs de la proposition de loi, ni dans le projet de loi voté sans discussion par cette Chambre.

Le paragraphe premier a été ajouté par la Commission du Sénat. Seul, il a subi la discussion publique[1]. M. Griffe en a demandé le rejet en faisant observer qu'il y a une distinction à établir au point de vue de la taxe entre les actes des notaires et les

[1] *Journal Officiel* du 28 juin 1881. Séances Sénat, p. 975 et suiv.

actes des avoués. Pour les premiers, la taxe faite par le président ne constitue pas en faveur du notaire et contre les clients un titre donnant lieu à l'exécutoire. Pour les avoués, au contraire, la taxe s'impose et l'ordonnance de taxe rendue par le juge est obligatoire en faveur de l'officier ministériel contre la partie. La différence vient de ce que la taxe des avoués repose sur un tarif légal que le juge n'a qu'à appliquer. Sa décision est un titre pour l'avoué qui l'a obtenue, elle donne lieu à un exécutoire. Cet exécutoire est signifié et la partie doit faire opposition dans les trois jours ; sinon, la taxe devient définitive et constitue pour l'avoué un titre inattaquable. Les notaires eux n'ont pas de tarif légal, la taxe du président est purement officieuse, et si les parties refusent de s'y soumettre, le notaire ne pourra que porter son action devant le tribunal civil suivant les règles ordinaires.

Ces observations présentées par M. Griffe étaient certainement très justes, puisqu'en 1881, il n'existait pas de tarif légal pour les notaires. Néanmoins elles n'ont pas prévalu. Les partisans de l'article 3 firent remarquer que si l'on imposait aux notaires l'obligation de recourir à la procédure de droit commun pour 10 fr., 15 fr., 20 fr., on les forcerait à abandonner leurs créances, et comme on voulait une procédure rapide, on a créé l'exécutoire. Le notaire

actes des avoués. Pour les premiers, la taxe faite par le président ne constitue pas en faveur du notaire et contre les clients un titre donnant lieu à l'exécutoire. Pour les avoués, au contraire, la taxe s'impose et l'ordonnance de taxe rendue par le juge est obligatoire en faveur de l'officier ministériel contre la partie. La différence vient de ce que la taxe des avoués repose sur un tarif légal que le juge n'a qu'à appliquer. Sa décision est un titre pour l'avoué qui l'a obtenue, elle donne lieu à un exécutoire. Cet exécutoire est signifié et la partie doit faire opposition dans les trois jours ; sinon, la taxe devient définitive et constitue pour l'avoué un titre inattaquable. Les notaires eux n'ont pas de tarif légal, la taxe du président est purement officieuse, et si les parties refusent de s'y soumettre, le notaire ne pourra que porter son action devant le tribunal civil suivant les règles ordinaires.

Ces observations présentées par M. Griffe étaient certainement très justes, puisqu'en 1881, il n'existait pas de tarif légal pour les notaires. Néanmoins elles n'ont pas prévalu. Les partisans de l'article 3 firent remarquer que si l'on imposait aux notaires l'obligation de recourir à la procédure de droit commun pour 10 fr., 15 fr., 20 fr., on les forcerait à abandonner leurs créances, et comme on voulait une procédure rapide, on a créé l'exécutoire. Le notaire

leurs dispositions qui sont contraires à la présente loi. »

Si nous n'examinions que les termes mêmes de l'article ci-dessus « l'article 30 de la loi du 22 frimaire an VII est abrogé dans celles de ses dispositions qui sont contraires à la présente loi », nous pourrions être tentés de dire qu'il supprime pour les notaires le droit de se faire délivrer par le juge de paix un exécutoire pour le recouvrement de leurs déboursés de timbre et d'enregistrement. Mais un doute nous vient du silence que gardent à cet égard les travaux préparatoires. Cet article 7 a été ajouté par la Commission du Sénat et le rapporteur de cette commission s'est borné à dire que les dispositions de l'article 30 seraient abrogées dans ce qu'elles auraient de contraire au texte qu'on préparait. Si le législateur avait voulu abroger l'article 30 il l'aurait fait d'une façon expresse comme il l'a fait pour la loi de 1881. Nous croyons qu'en présence d'une volonté aussi incertaine, il est prudent et légal de conserver ce premier mode de recouvrement et de dire que les notaires pourront toujours, comme autrefois, obtenir, au moyen d'un exécutoire délivré par le juge de paix, le remboursement des frais d'enregistrement qu'ils ont avancés. L'article 7 ne recevra son application que dans le cas où les frais d'enregistrement auraient été compris dans la taxe.

On devra alors suivre la procédure édictée par la loi de 1897 et les parties débitrices ne pourront demander que le recouvrement ait lieu au moyen de la procédure plus simple de l'exécutoire.

La loi nouvelle supprime le second mode de recouvrement, accordé par l'article 60 du Code de procédure, en vertu duquel les notaires pouvaient assigner leurs débiteurs devant les tribunaux en la forme ordinaire.

Sous l'empire de la loi de 1881, on s'était demandé si le législateur en accordant la voie plus rapide de l'exécutoire n'avait pas entendu leur enlever ce droit. La jurisprudence avait dû se prononcer. Dans un arrêt de Cassation du 3 août 1887 [1], elle avait déclaré

[1] « Attendu que si l'article 3 de la loi du 5 août 1881 donne aux notaires la faculté de demander au président du tribunal la taxe des frais de leur ministère et de requérir du greffier un exécutoire sur l'ordonnance rendue par ce magistrat, exécutoire qui, sauf l'opposition, les autorise à faire saisir et vendre les biens de ce débiteur, cette disposition introduite dans la loi précitée, dans le but de procurer une économie notable de frais de justice et une plus grande célérité dans le recouvrement du coût des actes taxés, n'aurait pu abroger que par une disposition formelle le droit dont les notaires étaient investis de former, si cela leur paraissait plus conforme à leur intérêt, une action en justice conformément à l'article 60 du Code de procédure civile ; que cette abrogation ne résulte ni de l'esprit de la loi de 1881 ni de son texte, puisque particulièrement l'article 1er place la citation en justice au nombre des moyens d'interrompre la prescription. »

admis par cette loi a de nombreux points de ressemblance avec celui de la loi de 1881.

Avant d'étudier en détail ce nouveau mode de
recouvrement, voyons les inconvénients que présentaient les diverses procédures que nous venons
d'étudier.

La loi du 5 août 1881 avait été créée dans un
double but. On voulait réglementer au point de vue
de la prescription les demandes des notaires, avoués
et huissiers en paiement de leurs frais et les
demandes de taxe et actions en restitution que les
clients pouvaient avoir à exercer contre ces officiers
publics. On voulait en second lieu permettre aux
notaires de poursuivre le remboursement de leurs
frais à l'aide d'une procédure sommaire et économique et dans ce but on avait créé l'exécutoire
délivré par le greffier du tribunal, après taxe
préalable par le président.

Mais comme le législateur ne s'était pas assez
clairement expliqué, le premier résultat seul fut
atteint.

La procédure plus simple de l'exécutoire du président du tribunal ne s'appliquait qu'aux notaires ;
les avoués et les huissiers ne pouvaient en bénéficier.

De plus, comme l'article 3 de la loi de 1881 n'avait

admis par cette loi a de nombreux points de ressemblance avec celui de la loi de 1881.

Avant d'étudier en détail ce nouveau mode de
recouvrement, voyons les inconvénients que présentaient les diverses procédures que nous venons
d'étudier.

La loi du 5 août 1881 avait été créée dans un
double but. On voulait réglementer au point de vue
de la prescription les demandes des notaires, avoués
et huissiers en paiement de leurs frais et les
demandes de taxe et actions en restitution que les
clients pouvaient avoir à exercer contre ces officiers
publics. On voulait en second lieu permettre aux
notaires de poursuivre le remboursement de leurs
frais à l'aide d'une procédure sommaire et économique et dans ce but on avait créé l'exécutoire
délivré par le greffier du tribunal, après taxe
préalable par le président.

Mais comme le législateur ne s'était pas assez
clairement expliqué, le premier résultat seul fut
atteint.

La procédure plus simple de l'exécutoire du président du tribunal ne s'appliquait qu'aux notaires ;
les avoués et les huissiers ne pouvaient en bénéficier.

De plus, comme l'article 3 de la loi de 1881 n'avait

pas réglé les effets de l'exécutoire, la jurisprudence lui refusait les avantages d'une décision judiciaire. L'exécutoire même signifié ne faisait pas courir les intérêts, n'emportait pas hypothèque judiciaire et n'interrompait pas la prescription. Un mode de recouvrement aussi fragile était pour les notaires l'équivalent de rien et on fut bientôt forcé de leur reconnaître le droit d'introduire, en vertu de l'article 60 du Code de procédure civile, l'instance principale qu'on avait eu en vue d'éviter[1]. Pour n'être pas exposé aux frais doubles de deux poursuites successives, le client devait se libérer aussitôt après que l'exécutoire lui avait été signifié.

Cet état de choses ne pouvait durer éternellement et il fallait au plus vite remédier à ces inconvénients.

Le 22 novembre 1890, deux députés, MM. Royer et Bertrand, déposèrent à la Chambre une proposition de loi complétant l'article 3 et ayant pour but de faire produire à l'exécutoire les effets d'une décision judiciaire. A la suite d'un rapport favorable, cette proposition de loi fut votée d'urgence par la Chambre des députés dans la séance du 1 février 1893. Elle ajoutait à l'article 3 de la loi de 1881 deux disposi-

[1] Voir l'arrêt de Cassation précité du 3 août 1887.

tions : l'une déclarait que la signification de l'exécutoire interromprait la prescription, ferait courir les intérêts et permettrait au notaire de prendre inscription huit jours après la signification, la seconde rendait ces dispositions applicables aux avoués et aux huissiers.

La Commission du Sénat n'adopta pas le texte voté par la Chambre. Elle crut qu'au lieu de compléter la loi de 1881, il serait préférable de la réviser tout entière et de modifier quelque peu la procédure jusqu'alors employée.

A son tour, le gouvernement déposa, dans la séance du 10 janvier 1894, un projet de loi sur cette matière.

Le 13 mars 1894, ce projet est discuté au Sénat. Les articles 1, 2 et 3 de la loi sont adoptés. Puis, une discussion confuse s'engage à propos de l'article 4, dont les deux premiers paragraphes sont seuls admis. Les deux derniers sont rejetés, ainsi que les articles 5 et 6. Enfin, l'article 7, qui est devenu la loi du 20 juin 1896, dont nous avons parlé plus haut, est adopté malgré la commission chargée de l'examen. Pour clôturer cette séance mouvementée, le Sénat décide qu'il passera à une seconde délibération.

Après cet accord entre la Commission du Sénat et le gouvernement, les articles de la loi furent successivement votés dans la séance du 11 novembre 1895.

Mais en raison des modifications apportées, le texte a été de nouveau soumis à la Chambre des Députés. Celle-ci, à la suite de nouvelles modifications proposées par sa Commission, a adopté un nouveau texte dans la séance du 24 novembre 1896. Soumis au Sénat, ce texte a été admis par lui le 16 juillet 1897, mais avec des changements qui ont nécessité le retour de la loi projetée devant la Chambre des Députés. Celle-ci, dans sa séance du 17 décembre 1897, a adopté le texte voté par le Sénat, et la loi est devenue définitive par sa promulgation au *Journal officiel* des 26 et 27 décembre 1897.

Les articles 3, 4 et 5 de cette loi établissent, pour les notaires, avoués et huissiers, un mode spécial de recouvrement des frais qui leur sont dus. Nous ne nous occuperons que des notaires.

En vertu du § 1 de l'article 3, « les notaires, avoués et huissiers ne pourront poursuivre le paiement des frais s'appliquant aux actes de leur ministère qu'après en avoir obtenu la taxe et suivant les formes établies à l'article suivant ». Désormais, le recouvrement des frais ne pourra plus être effectué que d'une seule manière. La double voie permise sous l'empire de la loi de 1881 : citation directe ou exécutoire délivrée par le greffier après taxe préalable, se trouve supprimée par cet alinéa. La taxe est maintenant le préliminaire obligatoire de toute action en paiement des frais qui sont la suite ou la conséquence d'un acte notarié. Les honoraires particuliers qui seraient dus au notaire comme mandataire ou comme *negotiorum gestor* ne sont pas soumis à cette formalité, le droit commun du règlement amiable leur est seul applicable.

Le notaire qui veut obtenir la taxe présentera un mémoire de ses frais au président du tribunal civil de son ressort [1]. On applique ici les dispositions matérielles du décret du 16 février 1807, qui ne sont en rien contraires à la loi nouvelle. Après examen des pièces justificatives et sans que les parties aient eu à lui fournir des renseignements, — aucun texte ne l'y oblige, l'article 173 lui en donne simplement la faculté [2], — la taxe sera faite par le président qui, en cas d'empêchement, peut être remplacé par un juge commis à cet effet. S'il s'agit d'une liquidation ou d'un partage judiciaire, le juge commissaire désigné sera compétent, alors même qu'il appartiendrait à un tribunal autre que celui dont dépend le notaire.

---

[1] Voir à la page 161 le modèle d'un état de frais.

[2] Cass., 29 juin 1865. S. 65, 1, 303 ; 2 janv. 1872, S. 72, 1, 57.

La taxe sera opérée différemment selon qu'il s'agira d'actes compris dans le tarif ou d'actes qui n'y sont pas compris. Dans le premier cas, le magistrat taxateur devra se reporter au tarif de sa Cour d'Appel [1]. Il appliquera le texte tel qu'il existe sans pouvoir augmenter ou diminuer arbitrairement quoi que ce soit. Mais, comme par le passé, il lui appartiendra de rechercher si les frais portés sont légitimement dus et même suivant une certaine jurisprudence si ces frais sont des frais d'actes utiles. (Cass. 19 février 1883 ; Rép., Defrénois, art. 1258 ; trib. Pontoise, 12 mai 1892 ; Rép. Defrénois 6972). Les actes non tarifés seront taxés d'après leur nature, leur importance, les difficultés de rédaction qu'ils ont présentées et la responsabilité qu'ils peuvent entrainer.

Ce que nous venons de dire de la taxe n'est que la paraphrase de l'article 3 dont voici le texte :

« Les notaires, avoués et huissiers ne pourront poursuivre le paiement des frais s'appliquant aux actes de leur ministère qu'après en avoir obtenu la taxe et suivant les formes établies à l'article suivant.

« La demande de taxe pour les notaires est portée devant le président du tribunal civil de la résidence des notaires, ou, en cas d'empêchement, devant un

---

[1] Nous savons que ces tarifs ont été édictés le 25 août 1898 et publiés dans le *Journal Officiel* des 1 2, 3, 4 et 5 septembre 1898.

juge commis par lui. La taxe sera arrêtée conformément au tarif, s'il s'agit d'actes qui y sont compris, et, s'il s'agit d'actes non tarifés, suivant la nature et l'importance de ces actes, les difficultés que leur rédaction a présentées et les responsabilités qu'ils peuvent entraîner.

. . . .

« Pour les notaires et les avoués, en matière de compte, liquidation et partage, les frais faits devant le tribunal seront taxés, à moins d'empêchement par le juge commissaire. »

Lorsque la taxe est opérée, le magistrat taxateur indique sur l'état de frais la somme à laquelle s'élève le montant de la taxe et il copie à la suite la formule exécutoire. C'est là l'ordonnance de taxe [1].

Autrefois en exécution de cette ordonnance, le greffier délivrait au notaire une grosse en forme exécutoire. Cette grosse lui permettait de contraindre au paiement son débiteur par toutes les voies de droit; il faisait commandement et poursuivait la saisie des biens. Aujourd'hui l'exécutoire est supprimé, il a été dans la loi de 1897 remplacé par l'ordonnance de taxe signifiée et devenue définitive. Le rapporteur, M. Bisseuil, démontrait ainsi au Sénat

[1] Voir à la page 162 le modèle d'une formule d'ordonnance de taxe.

les raisons de ce changement[1] : « Votre Commission estime que la mesure qu'elle vous propose d'accepter produira plusieurs avantages. D'abord elle constituera une économie qui n'est à dédaigner dans aucun cas, mais qui sera surtout appréciable lorsqu'il s'agira d'une réclamation peu importante. Il est à remarquer qu'il est possible législativement de conférer à la taxe du magistrat les effets légaux que comporte actuellement l'exécutoire. Cette taxe devra être revêtue de la formule exécutoire. Il n'est pas indispensable pour cela que l'acte apparaisse sous forme de grosse. Il y a déjà des exemples de magistrats, et de magistrat unique, comme le juge des référés, exécutoires sur minute. La signification qui sera faite de cette taxe aura un très grand avantage sur la signification de l'exécutoire ; elle contiendra détaillés tous les éléments de l'état de frais ; tandis que l'exécutoire ne mentionne qu'un bloc qui ne met pas en général le débiteur en situation de se rendre compte du bien ou du mal fondé de la réclamation. »

D'après le § 8 de l'article 4, cette ordonnance de taxe vaut le titre exécutoire, elle est un acte judiciaire et comme nous le dirons bientôt, elle emporte hypothèque judiciaire, elle interrompt la prescrip-

---

[1] Sénat. Documents parlementaires 1893. Annexe 275.

tion et fait courir les intérêts. Mais elle n'émane pas
d'une juridiction contentieuse, elle est délivrée gra-
cieusement par le magistrat taxateur et une simple
opposition suffit pour l'annuler.

Bien que constituant par elle-même un titre exécutoire, l'ordonnance de taxe ne sera susceptible
d'exécution qu'après avoir été signifiée à la partie
débitrice. L'article 1, § 1 dit, : « Les notaires, avoués
et huissiers devront signifier à la partie débitrice
par acte d'avoué à avoué, s'il y a avoué constitué,
sinon à personne ou à domicile, l'état détaillé des
frais taxés et l'ordonnance du magistrat taxateur,
revêtue sur minute de la formule exécutoire. » La
signification contiendra : 1° la copie de l'état détaillé
des frais et 2° la copie de l'ordonnance de taxe,
revêtue par le greffier de la formule exécutoire.

1° La signification comprendra la copie de l'état
détaillé des frais taxés. Ce détail consistera dans
l'énumération des divers articles en face de chacun
desquels on inscrira le chiffre alloué en taxe. La
signification du total de la taxe serait contraire à
l'esprit et au texte de la loi. Ce que l'on veut, c'est
que le client puisse de lui-même se rendre compte
de l'exactitude du mémoire qui lui est présenté. Ce
résultat n'est possible qu'en représentant « l'état
détaillé des frais taxés ». Mais il ne faut pas exagérer
l'étendue de cette prescription et croire que désor-

mais les notaires seront tenus de communiquer à leurs clients avant la taxe la copie des frais qui leur sont dus. S'ils le font, ce sera à titre bénévole, l'article 1 les oblige seulement à faire connaître leur état de frais *après la taxe et par voie de signification.*

2° L'ordonnance de taxe, dit le texte, est portée sur la minute, c'est-à-dire à la suite de l'état de frais lui-même. Comme cet état de frais est rendu au notaire, il en résulte que l'ordonnance reste en sa possession et que le greffier n'a pas à en délivrer d'expédition.

La signification devra comprendre en outre à peine de nullité : 1° constitution d'avoué pour le requérant ; 2° et déclaration que cette ordonnance deviendra définitive, si elle n'est pas frappée d'opposition dans la quinzaine [1].

La première de ces formalités est rendue nécessaire par l'application ordinaire des règles de procédure.

La seconde a pour but d'attirer l'attention du débiteur sur cet important effet de la signification, à savoir qu'elle deviendra définitive si elle n'est pas frappée d'opposition dans le délai fixé.

Maintenant que nous savons ce que doit contenir

---

[1] Voir à la page 162 une formule de signification d'ordonnance de taxe.

la signification, voyons dans quelle forme elle a lieu.

La signification, dit l'article 1, § 1, est faite à la partie débitrice par acte d'avoué à avoué, s'il y a avoué constitué, sinon à personne ou à domicile. Cet article distingue selon que les deux parties ont chacune leur avoué ou selon qu'elles n'en ont pas. Dans le premier cas, la signification se fait par acte d'avoué à avoué. Elle est rédigée par l'avoué du demandeur et signifiée par l'avoué du défendeur par un huissier audiencier [1]. Dans le deuxième, elle est rédigée aussi par l'avoué du demandeur, mais elle est signifiée directement à la personne ou au domicile par un huissier ordinaire.

En posant comme principe que la signification doit être faite par acte d'avoué à avoué, la loi nouvelle a réalisé un progrès, elle a amené une économie sensible de frais puisque les significations à avoué sont dispensées de timbre et d'enregistrement. Cette importante modification n'a cependant pas été admise sans observations. Les travaux préparatoires nous permettent de constater que pour certains, la signification à personne semblait préfé-

[1] Les huissiers-audienciers sont ceux désignés par le président pour faire le service des audiences ; ils ont le monopole des actes d'avoué à avoué en compensation du temps qu'ils consacrent à ce service.

rable à cause des conséquences importantes qu'elle entrainait en droit. Heureusement, selon nous, cette théorie n'a pas prévalu. D'abord nous aurions eu une augmentation de frais. Ensuite nous croyons qu'il eût été imprudent d'enlever à un avoué, qui connait l'affaire et les tarifs, le soin de contrôler les articles et le montant de la taxe. Dans la plupart des cas, il est en état de remplir cette fonction avec plus d'exactitude que ne le ferait la partie elle-même.

Lorsque l'ordonnance de taxe a été signifiée à la partie débitrice et que celle-ci a laissé passer, sans faire opposition, le délai de quinze jours qui lui était imparti, cette ordonnance devient définitive et elle produit les mêmes effets qu'un véritable jugement.

La loi de 1897 n'a fait en quelque sorte que consacrer le droit commun lorsqu'elle a déclaré dans son article 1 :

§ 7. « La signification de l'ordonnance de taxe, faite conformément aux prescriptions de la présente loi, à la requête des notaires, avoués et huissiers, interrompt la prescription et fait courir les intérêts.

§ 8. « L'ordonnance de taxe vaut titre exécutoire ; elle emporte hypothèque judiciaire, mais elle ne pourra être exécutée et l'inscription ne pourra être prise valablement qu'après l'expiration du délai d'opposition. »

Ces deux paragraphes font cesser toute une série de controverses qui s'étaient élevées sous l'empire de la loi du 5 août 1881 et dont nous avons déjà dit quelques mots.

Nous savons que l'exécutoire de la loi de 1881 avait été créé dans le but de diminuer les frais de poursuite. On s'était imaginé qu'en présence d'un mode de recouvrement aussi simple, la procédure ordinaire (art. 60 du Code de procédure) tomberait en désuétude. Mais grave était l'erreur. Si le recouvrement s'opérait d'une façon plus rapide et moins coûteuse quand le débiteur consentait à payer, il n'en était pas de même quand il ne voulait pas. Qu'était-ce en effet que cet exécutoire? C'était un acte de pur commandement, et comme l'a dit M. Testond, professeur à la faculté de droit de Grenoble, « c'est un titre, mais absolument provisoire, car tout peut être remis en question par une opposition; c'est en même temps un titre exécutoire, puisqu'il permet de procéder à la saisie exécution et à la saisie immobilière [1]. » La jurisprudence ne put voir un acte judiciaire dans un titre ayant une

---

[1] *Revue critique de législation et de jurisprudence*, travaux législatifs, année 1882, p. 169.

condamnation à payer la somme taxée, qui est présumée due tant qu'un jugement sur opposition ne l'aura pas détruite. » Quoi qu'il en soit, il avait fallu s'incliner davant la jurisprudence et cela n'allait pas sans inconvénient. Les notaires qui, la plupart du temps, veulent simplement obtenir un titre conservatoire de leurs créances, se voyaient, en présence de la défense de prendre inscription qui leur était faite, obligés d'assigner comme autrefois leurs débiteurs devant le tribunal. La loi de 1881 demeurait ainsi sans application, ce qui était certainement contraire aux vœux du législateur.

L'ordonnance de taxe d'aujourd'hui a conservé certains des caractères de l'exécutoire. Mais au point de vue où nous nous plaçons actuellement, nous ne pouvons constater que des dissemblances.

L'obligation où l'on est maintenant de former opposition dans un certain délai pouvait déjà nous faire prévoir un grand changement. L'ordonnance qui n'en est pas frappée devient en effet définitive, elle est un véritable jugement et doit en produire les effets. C'est du reste ce que nous disent en termes précis les § 7 et 8 de l'article 1 que nous avons cités plus haut. La signification de l'ordonnance de taxe fait aujourd'hui courir les intérêts et interrompt la prescription. Aucune objection sérieuse n'a été soulevée devant les Chambres lors du

condamnation à payer la somme taxée, qui est présumée due tant qu'un jugement sur opposition ne l'aura pas détruite. » Quoi qu'il en soit, il avait fallu s'incliner davant la jurisprudence et cela n'allait pas sans inconvénient. Les notaires qui, la plupart du temps, veulent simplement obtenir un titre conservatoire de leurs créances, se voyaient, en présence de la défense de prendre inscription qui leur était faite, obligés d'assigner comme autrefois leurs débiteurs devant le tribunal. La loi de 1881 demeurait ainsi sans application, ce qui était certainement contraire aux vœux du législateur.

L'ordonnance de taxe d'aujourd'hui a conservé certains des caractères de l'exécutoire. Mais au point de vue où nous nous plaçons actuellement, nous ne pouvons constater que des dissemblances.

L'obligation où l'on est maintenant de former opposition dans un certain délai pouvait déjà nous faire prévoir un grand changement. L'ordonnance qui n'en est pas frappée devient en effet définitive, elle est un véritable jugement et doit en produire les effets. C'est du reste ce que nous disent en termes précis les § 7 et 8 de l'article 1 que nous avons cités plus haut. La signification de l'ordonnance de taxe fait aujourd'hui courir les intérêts et interrompt la prescription. Aucune objection sérieuse n'a été soulevée devant les Chambres lors du

vote de ces deux premiers effets. Il n'en a pas été
de même du troisième. L'hypothèque judiciaire a
donné lieu au Sénat à de longues controverses et
ce n'est qu'avec peine qu'elle a triomphé. La simple
lecture de quelques passages de documents officiels
suffira pour nous éclairer sur cette discussion.

Dès le début, la commission du Sénat avait été
d'avis de ne pas conférer cet effet à l'ordonnance
de taxe. On disait dans le rapport[1] : « Il s'est trouvé
d'abord quelques membres opposés au principe
même de l'hypothèque judiciaire, disposés, le moment venu de discuter cette question d'un ordre
plus général, à demander qu'elle disparaisse de
l'organisation de notre régime hypothécaire. Il va
de soi que ceux-ci ne pouvaient admettre que la
vertu de conférer un pareil droit appartint à la
simple ordonnance d'un juge taxateur. D'autres ont
été d'avis que, s'il n'y avait pas lieu d'examiner en
ce moment les raisons qui militent pour ou contre
le maintien du principe de l'hypothèque judiciaire
légalement conférée, il convenait de ne pas en
étendre l'application au delà des limites qui lui sont
actuellement tracées par la loi. D'autre part, on
s'est dit que les poursuites relatives au recouvrement de frais s'appliquent le plus souvent à des

---

[1] Sénat, Documents parlementaires, 1894, annexe n° 37

sommes modiques; que les officiers publics ou ministériels ont l'habitude et souvent le devoir, imposé par des règlements intérieurs précis, de réclamer des clients dont ils soupçonnent la solvabilité des provisions qui les mettent à l'abri de découverts importants; qu'à côté de cet intérêt généralement minime, il convenait de placer les frais qu'entraineraient les formalités de l'inscription, l'obligation ultérieure d'en obtenir une mainlevée authentique, la complication des états hypothécaires à délivrer par les conservateurs, la difficulté des procédures d'ordre, etc... Toutes ces raisons ont déterminé votre commission à refuser le droit d'hypothèque judiciaire à la taxe exécutoire délivrée par le juge. »

Le ministre de la justice soutint l'opinion contraire. Il déclara que cette mesure était la seule qui pût réaliser le but que l'on se proposait, l'économie et la rapidité. Il dit ensuite qu'aucun principe de droit ne s'opposait à sa création puisque la taxe devenue définitive était un véritable jugement. Enfin, dans un dernier argument, il démontra qu'il était nécessaire de donner à l'ordonnance de taxe non suivie d'opposition le même effet qu'à l'ordonnance suivie d'opposition. Or, dans ce dernier cas, il y a jugement et hypothèque judiciaire.

La Commission se rangea à l'opinion du ministre

et l'hypothèque judiciaire fut adoptée par le Sénat.

Mais une autre question se posait. Il s'agissait de savoir à partir de quel moment pourrait avoir lieu l'inscription de cette hypothèque. Faudra-t-il attendre l'expiration du délai d'opposition ? M. Bisseuil avait prévu la difficulté. Il y répond ainsi[1] : « L'article 1, dans la dernière de ses dispositions, provoque enfin une critique d'une gravité particulière. Nous y lisons : « L'ordonnance de taxe vaut titre exécutoire. « Elle emporte hypothèque judiciaire, mais elle ne « pourra être prise qu'après l'expiration du délai « d'opposition. » Ce texte, alors surtout qu'on le rapproche du 3° de l'article 5, pourrait engendrer les plus graves difficultés dans les rapports de l'inscrivant avec le conservateur des hypothèques. Dès lors que l'inscription *ne peut être prise* qu'après l'expiration du délai d'opposition, il ne semble pas douteux qu'ayant à couvrir sa responsabilité, le conservateur des hypothèques serait fondé à exiger la production de pièces de procédure constatant que l'ordonnance de taxe et l'état taxé ont été signifiés et que le délai d'opposition est expiré. De là naîtraient des complications et des frais qui ne peuvent entrer dans les vues du législateur. Il faut donc qu'il soit bien entendu que l'interdiction du droit d'inscrire

<hr>

[1] Sénat, Documents parlementaires, 1897. Annexe n° 178.

l'hypothèque judiciaire avant l'expiration des délais d'opposition n'a d'effet qu'entre le créancier et le débiteur, et jamais entre l'inscrivant et le conservateur, celui-ci ne pouvant exiger que la production du titre en conformité de l'article 2148 du Code civil, sans avoir à se faire juge de l'autorité qui peut s'attacher à ce titre, au point de vue de l'expiration des délais d'opposition. A cet effet, il convient d'apporter au texte de la Chambre des Députés une légère modification qui fera disparaitre toute difficulté d'interprétation. Nous vous proposons, en conséquence, de rédiger le dernier paragraphe de l'article 1 comme suit : « L'ordonnance de taxe vaut titre exécutoire ; elle emporte hypothèque judiciaire, mais elle ne pourra être exécutée et l'inscription ne pourra être prise *valablement* qu'après l'expiration du délai d'opposition. » Cette expression, *valablement*, insérée dans le texte, témoignera que le conservateur doit rester étranger à tout débat relatif à la méconnaissance possible, de la part de l'inscrivant, des obligations que notre loi spéciale lui impose. L'inscription devra donc être prise par le conservateur sur la seule production du titre. Mais, au regard de l'inscrivant et du débiteur, elle sera frappée de nullité si elle prise avant l'expiration du délai d'opposition ».

Cette doctrine, admise par le Sénat, puis par la

Chambre des Députés, est en tous points conforme à l'article 2118 du Code civil, et nous ne pouvons que l'approuver. Le notaire pourra inscrire son hypothèque légale aussitôt qu'il aura signifié son ordonnance de taxe et le conservateur n'aura pas le droit, pour couvrir sa responsabilité, d'exiger la preuve de l'autorité définitive du titre et de l'expiration des délais d'opposition. Il sera tenu d'inscrire l'hypothèque sur la simple représentation de la taxe en minute revêtue de la formule exécutoire, sans avoir à demander la justification, soit de sa signification, soit de l'expiration des délais d'opposition. Entre les parties, cette hypothèque ne sera valable, comme le dit M. Bisseuil, qu'après l'expiration du délai d'opposition ; c'est seulement à partir de ce moment qu'elle produira son effet.

Nous avons étudié, en détail, les trois effets de l'ordonnance de taxe : intérêts de plein droit, interruption de prescription, hypothèque judiciaire. Ces effets constituent des mesures conservatoires qui n'ont qu'une existence éphémère, destinées qu'elles sont à faciliter le paiement. Tôt ou tard, le débiteur devra se libérer. S'il ne le fait pas volontairement, il y sera contraint judiciairement par son créancier. Afin d'éviter des frais inutiles, des vexations et surtout des surprises, le législateur de 1897 a quelque peu réglementé cette exécution forcée. Elle ne pourra être opérée, dit-il, dans son article 1, § 8, qu'autant que l'ordonnance sera devenue définitive, par suite de l'expiration du délai d'opposition. C'est après ce délai seulement que le notaire pourra faire à son débiteur commandement de payer le montant de la taxe et procéder en cas de refus à la saisie de ses biens.

CHAPITRE IV

De l'Opposition à taxe.

Dans l'examen des effets de la signification de
taxe, auquel nous nous sommes livrés dans le chapitre précédent, nous avons toujours supposé que le
client acceptait l'ordonnance de taxe et qu'il en
reconnaissait l'exactitude.

Mais dans la pratique, les choses ne se passent
pas d'une façon aussi simple. Il arrive parfois que
le débiteur conteste l'ordonnance de taxe et refuse,
pour ce motif, d'en acquitter le montant. Quelle
procédure suivra-t-on pour mener à bonne fin ce
débat?

L'ordonnance de taxe est, comme nous l'avons
déjà dit, un acte de juridiction gracieuse. Une simple opposition suffira pour en retarder l'exécution.

D'après l'article 1, § 2, de la loi du 21 décembre 1897, la signification doit contenir, à peine de

nullité, une mention indiquant que l'ordonnance de
taxe deviendra définitive, si elle n'est pas frappée
d'opposition, dans les délais déterminés au paragraphe suivant. Voici ce paragraphe suivant :

« Dans les quinze jours de la signification, sauf
l'application des dispositions des articles 73, 74 et
1033 du Code de procédure civile, l'ordonnance de
taxe est susceptible d'opposition tant de la part de
la partie débitrice que de la part de la partie qui en
est bénéficiaire. »

Ainsi donc, nous trouvons d'abord dans la signification une mention rappelant au débiteur qu'il peut
faire opposition à la taxe dans un délai déterminé et
que faute par lui d'avoir usé de ce moyen, l'ordonnance deviendra définitive. Le législateur a voulu
par là attirer l'attention du débiteur et ne l'exposer
aux conséquences de la signification qu'après l'en
avoir averti.

Puis nous voyons établi un délai fixe de quinze
jours. La loi de 1881 n'avait pas déterminé la durée
de l'opposition malgré la question si nette de M.
Griffe [1]. Il en était résulté un embarras fort grand.
Les uns voulaient adopter le délai de quinzaine in-
diqué dans l'article 5 du projet élaboré en 1852 par

---

[1] Séance du Sénat du 28 juin 1881. *Journal officiel* du 29
juin 1881.

la Cour de cassation. Les autres utilisaient le délai de 3 jours établi pour la taxe des avoués. (Art. 6 du décret du 16 février 1807). D'autres voulaient qu'en vertu de l'article 158 du Code de procédure civile, l'opposition fût recevable jusqu'à l'exécution du jugement. D'autres enfin laissaient au juge le soin de rechercher, d'après les circonstances de la cause, si le client, par son silence, avait paru renoncer à contester le montant de sa dette. La loi de 1897 a mis un terme à toutes ces discussions. Des divers projets qui furent présentés et qui voulaient comme délai les uns huit jours, les autres un mois, ce fut celui de quinze jours qui fut adopté définitivement par le Sénat après une seconde délibération. Pour le calculer, on se conforme au principe de l'article 1033 du Code de procédure. Le jour de la signification et celui de l'échéance ne sont point comptés et si le dernier jour est un jour férié, le délai se trouve prorogé au lendemain. La distance entre le lieu d'où part la signification et le domicile de la partie exercera aussi de l'influence sur le délai.

Ce délai de quinze jours sera augmenté d'un jour à raison de cinq myriamètres de distance. Les fractions de moins de quatre myriamètres ne seront pas comptées ; les fractions de quatre myriamètres et au-dessus augmenteront le délai d'un jour entier (art. 1033, C. de proc.)

Si celui à qui la signification est adressée demeure hors de la France continentale, il aura, pour former opposition, un délai qui variera selon les contrées. Il sera :

Pour ceux qui demeurent en Corse, en Algérie, dans les Iles Britanniques, en Italie, dans le royaume des Pays-Bas et dans les Etats ou Confédérations limitrophes de la France (Belgique, Allemagne, Suisse, Espagne) d'un mois.

Pour ceux qui demeurent dans les autres Etats, soit de l'Europe (Portugal, Danemark, Suède, Norvège, Russie, Autriche, Turquie, Grèce, etc.), soit du littoral de la Méditerranée (Tunisie, Tripolitaine, Maroc, Egypte), et de celui de la Mer Noire, de deux mois;

Pour ceux qui demeurent hors de l'Europe en deçà des détroits de Malacca et de la Sonde et en deçà du cap Horn, de cinq mois;

Pour ceux qui demeurent au delà des détroits de Malacca et de la Sonde et au delà du cap Horn, de huit mois;

Pour ceux qui en cas de guerre maritime habitent les pays d'outre-mer, les délais sont doublés (art. 73 du C. de procéd.)

L'article 71 du Code de procédure, auquel nous renvoie encore l'article 1 de la loi de 1897, déclare que lorsqu'une assignation à une partie domiciliée hors de la France sera donnée à une personne en

France, elle n'emportera que les délais ordinaires, sauf au tribunal à les prolonger s'il y a lieu.

Qu'arrivera-t-il si pendant ces délais l'une des deux parties qui a le droit d'opposition vient à décéder? L'article 1, § 1, nous répond : Le délai sera suspendu par la mort de l'une des parties ayant le droit d'opposition. Il reprendra son cours après une nouvelle signification faite au domicile du défunt et à compter de l'expiration des délais pour faire inventaire et délibérer si cette signification a eu lieu avant que ces derniers délais fussent expirés. Ainsi donc, en cas de mort, suspension du délai pendant un temps plus ou moins long. Cette suspension se prolongera jusqu'à l'expiration des trois mois et quarante jours accordés à l'héritier pour prendre parti, à la condition que la signification ait été faite au domicile du défunt pendant la durée de ces trois mois et quarante jours. C'est là une juste application du principe posé par l'article 797 du Code civil : « Pendant la durée des délais pour faire inventaire et pour délibérer, l'héritier ne peut être contraint à prendre qualité et il ne peut être obtenu contre lui de condamnation. » Nous ne pouvons que l'approuver. Si au contraire la signification n'a eu lieu qu'après l'expiration du délai d'inventaire, c'est seulement à partir de ce moment que le délai d'opposition reprendra son cours.

Mais une dernière difficulté était de nature à se présenter souvent; les héritiers pouvaient ne pas être connus de la personne qui fait la signification et alors par quel moyen les aurait-on découverts? Le législateur a résolu la question d'une façon très simple en disant : « Cette signification pourra être faite aux héritiers collectivement et sans désignation de noms et qualités. »

L'étude complète de notre article 4 nous fait découvrir une autre amélioration introduite en matière de taxe. Sous l'empire de la loi de 1881, le débiteur pouvait seul faire opposition à la taxe, le notaire n'en avait pas le droit. S'il voulait demander une rectification quelconque, il devait employer le droit commun des oppositions et assigner le débiteur devant le tribunal civil. Aujourd'hui l'opposition est recevable de la part tant de la partie débitrice que de la partie qui en est bénéficiaire. Le notaire et le client pourront tous deux contredire de la même manière l'exactitude de la taxe. C'est de toute justice. Pourquoi les traiter de façon différente ? La faveur que l'on accorde à l'un doit forcément rejaillir sur l'autre. Le notaire devra donc pouvoir user de ce bénéfice dans tous les cas, et puisque le délai d'opposition court aussi bien contre celui auquel est faite la signification que contre celui qui la fait, nous croyons que des

bunal compétent sera celui dont dépend le juge commis pour procéder aux opérations de compte, liquidation et partage.

D'après la loi de 1881, les oppositions à taxe étaient jugées en audience publique comme en matière sommaire (art. 3, § 2). D'après la loi de 1897, les débats ont lieu en la chambre du Conseil, sans procédure, le ministère public entendu (art. 4, § 5). Maintenant l'audience publique est remplacée par la chambre du Conseil. Cette modification a été introduite dans la loi par le Gouvernement, afin d'éviter les frais et d'accélérer la solution du procès. En chambre du Conseil, l'affaire s'instruit sans procédure, tandis qu'en audience publique, on a toute une série d'actes qu'on ne peut éviter. A ces considérations qui sont d'un grand poids auprès de toutes les personnes mêlées aux affaires judiciaires, M. Bertrand [1] ajoute un dernier argument en disant que pour ces sortes d'affaires, les explications, vérifications, discussions, souvent pour des chiffres minimes, sont bien plus facilement produites en chambre du Conseil qu'en audience publique. De plus il est préférable que les observations des parties ne soient pas révélées au grand jour.

[1] Rapport de M. Bertrand, député, à la séance du 4 juin 1896. Documents parlementaires. Chambre. Annexe n° 1915.

bunal compétent sera celui dont dépend le juge commis pour procéder aux opérations de compte, liquidation et partage.

D'après la loi de 1881, les oppositions à taxe étaient jugées en audience publique comme en matière sommaire (art. 3, § 2). D'après la loi de 1897, les débats ont lieu en la chambre du Conseil, sans procédure, le ministère public entendu (art. 1, § 5). Maintenant l'audience publique est remplacée par la chambre du Conseil. Cette modification a été introduite dans la loi par le Gouvernement, afin d'éviter les frais et d'accélérer la solution du procès. En chambre du Conseil, l'affaire s'instruit sans procédure, tandis qu'en audience publique, on a toute une série d'actes qu'on ne peut éviter. A ces considérations qui sont d'un grand poids auprès de toutes les personnes mêlées aux affaires judiciaires, M. Bertrand [1] ajoute un dernier argument en disant que pour ces sortes d'affaires, les explications, vérifications, discussions, souvent pour des chiffres minimes, sont bien plus facilement produites en chambre du Conseil qu'en audience publique. De plus il est préférable que les observations des parties ne soient pas révélées au grand jour.

---

[1] Rapport de M. Bertrand, député, à la séance du 4 juin 1896. Documents parlementaires. Chambre. Annexe n° 1915.

Bien que le § 5 de l'article 4 contienne les mots : « sans procédure », les avoués se signifient généralement des conclusions par un simple acte d'avoué à avoué. Cela permet à l'avoué opposant d'avoir entre les mains tous les éléments du procès et de rechercher à l'avance toutes les réponses qu'on peut y faire.

Notre loi veut que le ministère public soit entendu ; c'est en Chambre du Conseil, après que les parties ont fourni leurs explications, que le ministère public donne son avis. Il présente au tribunal des conclusions verbales et motivées que les juges sont libres d'admettre ou de rejeter.

Le jugement statuant sur l'opposition à taxe est rendu en audience publique, il est susceptible d'appel dans les cas et les formes ordinaires. Pour que l'appel soit possible, il faut que la somme en litige dépasse 1.500 fr., quel que soit le montant de la demande. (Nancy, 30 décembre 1843, 24 août 1844 ; S. 45, 2e 594 et 595. — Angers, 1er mars 1850 ; D. 52, 5, 1889. — Lyon, 23 décembre 1865 ; D. 66, 2, 99. — Cass., 24 octobre 1893 ; *Rép.* Defrénois, art. 7453. — 1er mai 1897 ; *Rép.* Defrénois, art. 9649).

Malgré l'appel, l'exécution provisoire du jugement pourra être ordonnée. La condamnation résulte, en effet, d'une créance qui dérive de l'acte notarié dont le débiteur conteste les frais. Il y a là un titre authentique qui nous permet d'appliquer l'article 135 du Code de procédure (Amiens, 10 août 1881. *Rép.* Defrénois, art. 956).

Si le jugement a été rendu par défaut, il est susceptible d'opposition de la part de la partie défaillante. Nous ne faisons ici qu'une stricte application du droit commun, et il nous faudra en observer toutes les règles.

CHAPITRE V

Du partage des honoraires et des présomptions de paiement.

Nous étudierons dans ce chapitre V deux questions spéciales qui, par leur nature, se rattachent intimement au sujet que nous traitons. Nous verrons d'abord à qui sont dus les honoraires et nous rechercherons ensuite s'il peut exister des présomptions de paiement.

A qui sont dus les déboursés et honoraires? A première vue, la réponse est fort simple ; les déboursés sont dus au notaire qui en a fait l'avance et les honoraires appartiennent au notaire rédacteur de l'acte, à celui chez qui cet acte a été reçu.

Cependant, une difficulté naît — et le cas est fréquent — lorsque l'acte a été reçu par un notaire, assisté d'un confrère. Le notaire en second peut agir à des titres divers. Ou bien, il sera simplement

notaire en second, ou bien il sera notaire substituant,
ou bien enfin, il sera le représentant d'une des parties.

Les raisons même en vertu desquelles on a créé
les honoraires s'opposent à ce que le notaire en
second puisse réclamer une somme quelconque. Il
n'a nullement coopéré à l'acte, sa signature elle-
même ne lui fait encourir aucune responsabilité. Il
ne signe l'acte que parce que la loi exige la signature
de deux notaires, c'est une simple formalité qu'il
accomplit. Dans la pratique, les notaires y attachent
si peu d'importance, qu'ils signent les actes reçus
par leurs confrères, sans même chercher à se rendre
compte de leur contenu.

Le notaire substituant se trouve à peu près dans la
même situation que le notaire en second. La cause
de son intervention, c'est l'absence ou la maladie de
son confrère, et ces motifs s'opposent à ce qu'il
reçoive une rémunération. Rolland de Villargues
constate que cet usage est général, il le justifie en
disant qu' « il est fondé sur ce que le notaire qui
substitue un confrère momentanément empêché,
exerce son ministère non pas précisément à la réquisition des parties, mais pour obliger son confrère,
afin de conserver à ce dernier sa clientèle, la garde
de l'acte et les émoluments qui sont attachés à sa
réception. Cette substitution est même mentionnée

dans l'acte et il y est ajouté que la minute de cet acte restera en la possession du notaire substitué ». C'est le notaire substitué qui garde la minute sous sa responsabilité, c'est lui qui en délivre des grosses et des expéditions, il est juste qu'en revanche, il perçoive les honoraires. — Bien que le cas où un notaire gère une étude vacante par suite de décès ne soit pas tout à fait identique au précédent, il était d'usage de tenir compte aux héritiers du défunt des honoraires perçus pendant la gérance. Aujourd'hui, l'article 12 du décret du 25 août 1898 décide que le notaire constitué dépositaire des minutes d'une étude vacante par décès, a droit à la moitié de tous les honoraires d'actes ou d'expéditions. L'autre moitié revient aux représentants du notaire décédé, qui sont tenus de supporter les frais d'étude. Au cas de suspension ou de destitution, on avait d'abord attribué les honoraires au notaire suspendu ou destitué, puis la jurisprudence était intervenue et elle avait décidé que le notaire commis gérait l'étude pour son propre compte et sous sa responsabilité et qu'il devait en conséquence profiter de tous les émoluments. C'est ce dernier système qu'a adopté notre législateur. L'article 12, § 2, du même décret, nous dit : « En cas de démission, suspension ou destitution, le notaire commis a droit à tous les produits nets de l'office. »

Le notaire peut enfin participer à l'acte sur la demande du client. Celui-ci, se sentant incapable de soutenir ses intérêts, charge un notaire de le remplacer et d'étudier l'affaire qu'un autre notaire doit régler. Le second notaire s'occupe alors du règlement, il étudie le dossier, cherche des renseignements, examine le projet. Quand vient le moment de la signature, il assiste son client et signe lui-même. Cette signature est évidemment celle d'un notaire en second, mais les faits prouvent assez que ce n'est pas en cette qualité seulement que le notaire a signé. Il a signé d'abord en tant que représentant son client, puis comme notaire en second. Il aura droit à une part des honoraires. Autrefois cette part variait suivant les cas et suivant les règlements des Chambres des notaires, elle avait comme maximum la moitié des honoraires et pouvait descendre à presque rien. Par un arrêt du 7 janvier 1879[1], la Cour de cassation avait consacré cette théorie. Elle avait décidé que le notaire qui n'a pas seulement signé en qualité de notaire en second, mais qui à la demande des parties a effectivement concouru à la rédaction et à la réception d'un acte passé dans le ressort où il a lui-même le droit d'instrumenter a droit au partage des honoraires relatifs à cet acte

[1] D. 79, 1, 97.

quoiqu'il ne soit pas resté dépositaire de la minute. Aujourd'hui, nous nous trouvons en face d'un texte précis, l'article 11, § 2 : « Entre notaires, si le règlement intérieur de la compagnie n'en dispose autrement, le partage se fait de la manière suivante : le notaire qui garde la minute a droit à la moitié de l'honoraire et le notaire en second à l'autre moitié ; les droits de rôles appartiennent exclusivement au notaire détenteur de la minute. » Les règlements des Chambres des notaires, lorsqu'ils ont été approuvés par un arrêté du Ministre de la justice (Amiaud, t. IV, p. 287 ; ord. du 1 janv. 1843, art. 23 ; décis. du Min. de la just. du 8 sept. 1843, D. 15, 3, 32 ; Cass. 29 janv. 1855 ; D. 55, 1, 20), sont obligatoires pour les notaires d'un même arrondissement, c'est d'après eux que doit être réglé le partage des honoraires. S'il n'existe pas de règlements ou si les notaires sont de deux arrondissements ayant des usages différents, le partage aura lieu par moitié. Les droits perçus pour rôles de grosse ou d'expédition sont maintenant perçus en totalité par le notaire détenteur de la minute, alors qu'autrefois on admettait que le second notaire pouvait avoir droit à une part des honoraires de la première expédition. Ceux des autres appartenaient pour la totalité au notaire rédacteur.

L'article 10 du décret de 1898 consacre législativement un point qui jusqu'alors n'avait fait aucun doute parce qu'on n'avait jamais pensé qu'il pût en être autrement. On pourrait par conséquent taxer d'inutile la disposition contenue dans cet article. La voici : « Le concours d'un second notaire à un même acte n'en augmente pas l'honoraire. Toutefois si l'acte est rétribué par vacations, il est dû des vacations à chaque notaire instrumentant. »

Nous avons à dessein laissé de côté dans l'étude du partage des honoraires la question de savoir si le notaire peut partager ses honoraires avec un tiers et nous entendons par tiers toute personne étrangère au notariat. La résolution de cette question ne souffre aucune difficulté puisque l'article 11 nous dit : « Il est interdit aux notaires de partager leurs honoraires avec un tiers. » Cette interdiction est fondée sur ce fait que l'honoraire est la rémunération de l'acte; il ne peut revenir qu'à celui qui y a coopéré effectivement : au notaire instrumentant ou au notaire en second. Les tiers n'y ont aucun droit. S'ils ont servi d'intermédiaire au notaire ou au client, ils pourront se faire payer de leurs peines ou de leurs soins en invoquant une idée de mandat, mais ce sera tout. Ils pourront du reste obtenir ainsi une indemnité suffisante. Cette interdiction a de plus l'avantage d'empêcher qu'il soit porté atteinte à la prohibition résultant de l'article 1, § 2. Un partage d'honoraires avec un tiers aurait fatalement abouti à une remise partielle.

Aucune sanction spéciale n'est édictée contre le notaire qui se rend coupable d'un tel partage; cependant, comme il porte atteinte à sa dignité professionnelle, il est passible d'une peine disciplinaire.

Passons maintenant à notre seconde question et voyons comment le client qui a réglé ses déboursés et honoraires justifiera leur paiement.

Dans certains cas, cette preuve, mise à la charge du débiteur, offre de grandes difficultés. Certains notaires d'un côté n'ont pas l'habitude de donner reçu des sommes qui leur sont remises à titre de paiement et, d'un autre côté, les parties ne réclament presque jamais la quittance qu'elles devraient produire devant les tribunaux. Aussi dans la pratique, on a admis en faveur du client une présomption de paiement lorsque celui-ci a en sa possession une expédition de l'acte notarié. Cette présomption est basée sur la différence qui existe entre une minute et une expédition. La minute est l'acte notarié lui-même, l'acte primitif sur lequel on retrouve les signatures du notaire, des parties. Cette minute reste entre les mains du notaire, l'ensemble de ces minutes forme la base de l'office ministériel, c'est un capital qui sera cédé au successeur. L'expédition, au contraire, est une simple copie de la minute, copie entière il est vrai, mais copie qui ne contient comme signature que celle du notaire qui la délivre. Le plus souvent elle est remise à la partie peu de temps après la signature de la minute, mais il peut arriver qu'elle ne soit réclamée que de longues années après l'acte qu'elle reproduit. La nature différente de ces deux actes influe sur la manière d'agir du notaire. Quand un client vient le trouver et lui demande de rédiger pour lui un acte quelconque, le notaire ne peut guère lui refuser de rédiger l'acte sous le prétexte qu'il ne sera peut-être pas payé. Demander de suite au client le prix d'un acte qui n'a pas encore été dressé, c'est lui laisser entendre qu'on n'a pas en lui une grande confiance. La plupart du temps, le client se trouverait offensé, il chercherait si possible à ne pas dresser l'acte ou bien il irait trouver un notaire plus confiant. Le notaire est donc par suite presque obligé, sous peine de perdre son client, de rédiger d'abord son acte. L'acte n'étant terminé qu'après que toutes les signatures ont été apposées, c'est seulement à ce moment que le notaire peut réclamer ses honoraires.

La situation du notaire n'est plus la même lorsqu'il se trouve en présence d'un client qui vient dans son étude lui demander l'expédition d'un acte qui a été rédigé quelque temps auparavant. Lui seul peut

rédiger cette expédition puisque seul il est détenteur
de la minute. D'autre part si le client réclame une
expédition, c'est qu'il en a besoin. Il sera donc facile
au notaire d'obtenir le paiement de ses frais. Il dira
à son client : Je veux bien vous délivrer l'expédition
que vous me demandez, mais je ne consens à le faire
que lorsque vous m'aurez réglé les honoraires qui
me sont dus à propos de l'expédition que je vous
délivre et aussi ceux qui me sont dus à propos de la
minute. Je ne consentirai à me dessaisir de mon
expédition qu'après que vous m'aurez payé.

Ces idées ont, nous l'avons dit, déterminé la doctrine et la jurisprudence à admettre que la représentation d'une expédition ferait présumer le paiement
des frais.

Cette présomption n'existera pas lorsqu'on n'aura à
reprocher aucune faute au notaire. Cela se produira
lorsqu'il aura fait sur son expédition toutes réserves
relativement au paiement, lorsqu'il ne se sera dessaisi de son expédition que sur l'engagement pris
par le client de prouver que les frais ont été payés.
Les deux parties en cause ont conclu un contrat
synallagmatique, elles doivent toutes deux l'exé-
cuter.

Cette présomption de paiement amène dans la
pratique pas mal de difficultés. L'une des plus importantes a été soulevée par l'article 1283. On se

demande si la présomption de paiement résultant de cet article est applicable aux notaires relativement aux frais qui leur sont dus. Un notaire, dont les frais n'ont pas été payés, a délivré à la partie intéressée une grosse ou une expédition. Devra-t-il être débouté de sa demande par ce seul fait qu'il s'est dessaisi de son titre ? En vertu de l'article 1283, la remise volontaire de la grosse du titre fait présumer la remise de la dette ou le paiement, sans préjudice de la preuve contraire.

D'après la totalité des auteurs et d'après la jurisprudence (Cass. 26 janv. 1858 ; D. 1858, 1, 160 ; Cass. 6 février 1860, D. 1860, 1, 253 ; Cass. 14 mai 1888, D. 1888, 1, 487) cette présomption légale, admise en faveur du débiteur contre le créancier, devrait s'appliquer au notaire.

L'arrêt de 1888 décide, par application de l'article 1283, que la délivrance sans réserve par le notaire à une partie d'un acte notarié fait présumer qu'il y a eu paiement ou remise de frais sans qu'il y ait à distinguer si la pièce délivrée est une grosse ou une simple expédition.

La remise d'expédition aux parties, dit Dalloz, doit constituer sinon une preuve complète, du moins une présomption grave que celles-ci se sont libérées, pour peu que cette présomption se trouve appuyée de quelques circonstances favorables aux

notaire qui l'a reçue le titre de sa créance. Nous sommes en dehors du cas prévu par l'article 1283, et comme cet article doit recevoir une interprétation restrictive, puisqu'il déroge au droit commun, nous retomberons dans les règles générales. Ce sera au notaire de prouver qu'il a accompli les actes pour lesquels il réclame des frais. Les parties, de leur côté, devront prouver leur libération. Si la somme est inférieure à 150 fr., cette libération sera démontrée par témoins. Si elle est supérieure, la preuve par écrit sera seule recevable, car, d'après l'article 1353 du Code civil, les présomptions qui ne sont point établies par la loi ne sont admises que concurremment avec les preuves testimoniales.

L'article 851 du Code de procédure ne peut pas non plus, d'après nos adversaires, être opposé au notaire. Il déclare, disent-ils, que le notaire peut refuser la délivrance de l'expédition tant qu'il n'est pas payé, il lui accorde une sorte de droit de rétention, mais il ne dit pas que le notaire est censé payé s'il a délivré l'expédition.

Nous admettons bien volontiers que la délivrance d'une grosse ou d'une expédition ne constitue pas une présomption légale de libération, mais nous soutenons qu'une présomption existe et que, avant tout débat, le notaire est obligé de la détruire. Pourquoi défendrait-on aux juges de prendre en considé-

notaire qui l'a reçue le titre de sa créance. Nous sommes en dehors du cas prévu par l'article 1283, et comme cet article doit recevoir une interprétation restrictive, puisqu'il déroge au droit commun, nous retomberons dans les règles générales. Ce sera au notaire de prouver qu'il a accompli les actes pour lesquels il réclame des frais. Les parties, de leur côté, devront prouver leur libération. Si la somme est inférieure à 150 fr., cette libération sera démontrée par témoins. Si elle est supérieure, la preuve par écrit sera seule recevable, car, d'après l'article 1353 du Code civil, les présomptions qui ne sont point établies par la loi ne sont admises que concurremment avec les preuves testimoniales.

L'article 851 du Code de procédure ne peut pas non plus, d'après nos adversaires, être opposé au notaire. Il déclare, disent-ils, que le notaire peut refuser la délivrance de l'expédition tant qu'il n'est pas payé, il lui accorde une sorte de droit de rétention, mais il ne dit pas que le notaire est censé payé s'il a délivré l'expédition.

Nous admettons bien volontiers que la délivrance d'une grosse ou d'une expédition ne constitue pas une présomption légale de libération, mais nous soutenons qu'une présomption existe et que, avant tout débat, le notaire est obligé de la détruire. Pourquoi défendrait-on aux juges de prendre en considération le fait de cette délivrance ? Pourquoi le notaire serait-il dispensé d'expliquer sa conduite et pourquoi aurait-il la même situation aux débats, avant comme après la remise des pièces ?

Sans doute, notre théorie pourra favoriser la mauvaise foi et il se rencontrera des clients malhonnêtes qui profiteront de ce commencement de preuve pour engager des procès dans lesquels le notaire aura peut-être difficile de démontrer son droit. Mais ce résultat ne nous est nullement imputable. L'abus possible d'un principe ne doit pas aboutir à sa destruction. En la circonstance, il suffira de trouver un correctif et ce correctif sera pour le notaire ou de donner quittance des sommes payées ou de ne délivrer des pièces que contre un paiement complet.

CHAPITRE VI

De la prescription des frais, des demandes en taxe et des actions en restitution.

Dans la matière qui nous occupe, la prescription se présente à nos yeux sous deux points de vue différents. Nous pouvons d'abord considérer le laps de temps qui éteindra l'action des notaires, tendant à obtenir le recouvrement des frais qui leur sont dus. Nous pouvons ensuite rechercher la durée pendant laquelle devront être intentés les recours en taxe et les actions en restitution.

Nous étudierons successivement ces deux parties.

Comme toute autre, l'action des notaires en paiement de leurs honoraires est soumise à la prescription. Dans l'ancien droit, cette prescription variait avec chaque province, elle se réglait d'après des ordonnances et parfois d'après des usages, c'était tout à fait arbitraire. Lors de l'établissement du

Code civil, on ne s'occupa pas des notaires dans le titre de la prescription ; on posa d'abord en principe, dans l'article 2262, que toutes les actions, tant réelles que personnelles, seraient prescrites par trente ans ; puis dans l'article 2273 on dérogea à cette règle en faveur des avoués. Il y était dit : « L'action des avoués, pour le paiement de leurs frais et salaires, se prescrit par deux ans, à compter du jugement des procès, ou de la conciliation des parties, ou depuis la révocation desdits avoués. A l'égard des affaires non terminées, ils ne peuvent former de demandes pour leurs frais et salaires qui remonteraient à plus de cinq ans. » Pendant quelque temps, sous prétexte d'analogie entre les salaires des avoués et les honoraires des notaires, on avait appliqué à ces derniers l'article 2273. Mais bien vite on reconnut l'erreur, on laissa aux avoués la règle qui avait été écrite pour eux et on appliqua aux notaires le droit commun de l'article 2262. Ce long délai de trente années n'était pas cependant sans offrir de grands inconvénients. Il laissait exposé à une demande de frais un client qui, n'ayant figuré qu'indirectement à un acte, était autorisé à croire que depuis longtemps le notaire s'était fait payer et qui dans cette idée n'avait pris pour sa défense aucune mesure de précaution. Pour supprimer ces ennuis, on avait de tout temps demandé la réduction de ce délai, mais jusqu'en 1879 les réclamations n'avaient pas été couronnées de succès; c'est à ce moment que plusieurs députés déposèrent sur le bureau de la Chambre une proposition de loi qui fut examinée en commission et qui, à la suite du rapport favorable de M. Ninard [1], est devenue la loi du 5 août 1881. L'article 1er était ainsi conçu : « L'action des notaires en paiement des sommes dues pour les actes de leur ministère se prescrit par cinq ans à partir de la date de ces actes. La prescription ne cesse de courir que lorsqu'il y a eu compte arrêté, reconnaissance, obligation ou citation en justice non périmée ; les articles 2275 et 2278 du Code civil sont applicables à cette prescription. Pour les actes dont l'exécution est subordonnée au décès, tels que les testaments et donations entre époux pendant le mariage, les cinq ans ne dateront que du jour du décès de l'auteur de la disposition. »

Aujourd'hui cette loi de 1881 est remplacée par la loi du 24 décembre 1897. L'article 1er de cette dernière loi n'est que la reproduction sous une autre forme des dispositions précédentes.

« Le droit des notaires au paiement des sommes à

---

[1] Séance du 21 juin 1879, *Journal Officiel* des 22 juin et 15 juillet 1879.

eux dues pour les actes de leur ministère se prescrit par cinq ans à partir de la date des actes. Pour les actes dont l'effet est subordonné au décès, tels que les testaments et les donations entre époux pendant le mariage, les cinq ans ne courront que du jour du décès de l'auteur de la disposition.

. . . .

« La prescription a lieu, quoiqu'il y ait eu continuation d'actes de leur ministère de la part des notaires, avoués et huissiers. Elle ne cesse de courir que lorsqu'il y a eu compte arrêté, reconnaissance, obligation ou signification de taxe, en conformité de l'article 4.

« Les articles 2275 et 2278 du Code civil sont applicables à ces prescriptions. »

D'après cette nouvelle législation, un délai de cinq ans est imparti au notaire pour établir ses comptes et intenter son action. Bien que relativement court, ce délai nous semble suffisant. Il tient compte de deux intérêts opposés. Il permet au notaire de suivre, sans avoir trop d'arriéré, le recouvrement de ses frais, de plus il lui facilite la justification de ses demandes. Puisqu'on voulait éviter les inconvénients d'un long délai, il fallait employer un moyen radical et réduire autant que possible le nouveau. On obtient ainsi dans le règlement du compte la plus grande exactitude, et comme l'état et la condition des parties n'ont subi que peu de changement, chacune d'elles se trouve, en cas de discussion, en état de fournir des renseignements précis. A l'égard du client, ce délai de cinq ans produit d'autres avantages. Il lui évite les surprises qu'amène une trop grande accumulation de frais. Parfois, sans doute, la réclamation d'un notaire, qui craint la prescription, le blessera dans son amour-propre, mais c'est un inconvénient sans importance qui ne constituera qu'une rare exception. Du reste pour s'excuser, le notaire se retranchera derrière la loi et toutes les volontés s'inclineront.

Cette prescription de cinq ans s'applique d'abord aux honoraires des actes notariés, elle s'applique ensuite aux sommes dont le notaire a fait l'avance et qui sont la conséquence des actes reçus par lui, elle s'applique enfin aux frais qui lui seraient dus pour un acte qui ne s'est pas réalisé ou qui est demeuré imparfait. Mais elle ne s'étend pas aux sommes que le notaire réclame pour des démarches ou des soins ne rentrant pas dans l'exercice de son ministère. Nous sommes ici en présence d'un contrat de mandat. La prescription trentenaire sera seule possible parce que le mandat en matière de prescription est soumis aux règles générales contenues dans l'article 2262 du Code civil.

En principe, la prescription commencera à courir

le jour où l'acte sera devenu parfait. S'il n'y a qu'une seule date, ce sera à partir de cette date; s'il y en a plusieurs, ce sera à partir de la dernière. Les frais d'enregistrement, d'inscription, de signification..... seront fictivement reportés à la date de l'acte; pour eux la prescription courra avant même qu'ils soient dus. On suivra pour calculer cette prescription les règles générales du droit. Le *dies a quo* restera toujours en dehors de la supputation tandis que le *dies ad quem* y sera compris et il n'y aura lieu d'établir aucune distinction entre les jours fériés et les autres jours. Une prescription commencée le 1er avril 1899 sera acquise le 2 avril 1901.

À ce principe, l'article 1er *in fine* de la loi de 1897 établit une exception. « Pour les actes dont l'effet est subordonné au décès tels que les testaments et les donations entre époux pendant le mariage, les cinq ans ne courront que du jour du décès de l'auteur de la disposition. » Cette distinction avait déjà été établie dans la loi de 1881 ; elle a été reproduite avec une seule modification, le mot *exécution* a été remplacé par le mot *effet* afin de donner satisfaction à quelques critiques. L'existence et l'exécution des testaments sont, disait-on, subordonnées au décès, les donations entre époux sont susceptibles d'exécution malgré leur révocabilité. Le gouvernement avait d'abord proposé de remplacer le mot *exécu-*

tion par les mots *existence* et *exécution*, mais la commission réussit à faire triompher son expression *effet*. Voici les explications du rapporteur : [1] « Votre commission estime que, ni séparément ni réunis, ces mots *existence* et *exécution* ne rendent la pensée du législateur. Quant à l'*existence*, on ne peut méconnaitre qu'un testament par exemple peut exister comme acte sans produire d'effet. D'autre part, il ne saurait être question dans l'espèce de l'*exécution* du testament ou de la donation, mais de l'*effet* qu'ils peuvent produire s'ils n'ont pas été révoqués au jour du décès. Nous croyons donc rendre plus exactement la pensée du législateur en rédigeant cette partie de notre article 1er comme suit : « Pour les actes dont l'*effet* est subordonné au décès... »

C'est avec beaucoup de raison que le législateur a pris pour point de départ de ces actes la date du décès de leur auteur, on tient compte ainsi des nécessités de la pratique. Il eût été illogique de faire courir la prescription à partir de l'acte lui-même et il eût été excessif de la faire courir à partir d'une époque postérieure au décès. Le délai de cinq ans est assez long pour permettre au notaire ou aux parties de connaitre le décès et de faire produire à l'acte tous les effets qu'il comporte. Du reste, il est

---

[1] Sénat, Documents parlementaires 1894, Annexe nᵒ 37.

toujours possible au notaire ou aux parties de démontrer qu'elles n'ont eu connaissance de la libéralité que longtemps après le décès et alors la prescription ne courra contre elles que du jour où elles auront eu connaissance de ce décès.

Cette exception établie en faveur des actes subordonnés au décès nous rappelle que le législateur de 1897 a oublié de régler une difficulté que la loi de 1881 avait fait naître et sur laquelle il eût été bon de s'expliquer. Pour les testaments par acte public, il est perçu deux sortes de droits : un droit fixe, lors de la rédaction de l'acte et un droit de tant pour cent au décès du testateur sur les dispositions contenues dans le testament. Une distinction analogue existe pour les donations entre époux pendant le mariage. Les frais dus au décès ne sont évidemment prescrits que par une durée de cinq années à partir de ce décès.

En sera-t-il de même de ceux perçus lors de la rédaction de l'acte ? Une réponse négative semblerait raisonnable, la prescription devrait courir à partir de la rédaction, puisque ces frais se trouvent dus et bien déterminés à ce moment. Mais la loi ne fait aucune distinction et il nous semble avec raison, Un testament, une donation entre époux, devant exiger un secret absolu pendant la vie du testateur ou du donateur, il était naturel de ne faire aucune distinction. Aussi le délai de prescription est-il le même dans les deux cas, qu'il s'agisse de l'honoraire fixe ou de l'honoraire proportionnel, le décès du disposant marque le point de départ du délai. « Cette dérogation, dit M. Vignancourt (*Etude sur la loi du 5 Août 1881*, page 11) s'explique par les habitudes du notariat, habitudes que la jurisprudence a depuis longtemps approuvées et consacrées, car elles résultent de la nature même des choses. Chaque fois en effet qu'un notaire est appelé à rédiger un acte constatant une libéralité révocable au gré du disposant, il ne lui est pas possible de fixer ses honoraires au moment même de la rédaction. Il demanderait trop ou trop peu, suivant que la libéralité serait révoquée ou maintenue. Ce n'est qu'au décès du disposant que l'on saura si l'acte a ou n'a pas produit ses effets. Œuvre utile dans le premier cas, il pourra donner lieu à la perception d'honoraires importants ; œuvre inutile dans le second, il doit être rémunéré dans la limite du strict nécessaire. Aussi, l'usage s'est-il introduit de n'exiger du disposant, au moment de la confection de l'acte, qu'un droit fixe de rédaction. S'il maintient ses dispositions, ses héritiers devront un droit proportionnel à la valeur des biens qui leur auront été donnés ou légués. »

Nous savons déjà par la simple lecture du § 3 de

l'article 1er que la prescription court séparément
contre chaque acte et nous constatons que ce n'est là
qu'une simple variante d'un principe contenu en
l'article 2274 : la prescription a lieu quoiqu'il y ait
eu continuation de fournitures, livraisons, services
et travaux. Il est inutile d'insister sur ce point
puisque la partie la plus intéressante est contenue
dans la fin de l'article où il est dit : « la prescription
ne cesse de courir que lorsqu'il y a eu compte arrêté, reconnaissance, obligation ou signification de
taxe. »

Le compte arrêté est celui qui a été signé par
le débiteur ou qui a été accepté par lui. La reconnaissance, l'obligation sont des pièces écrites dans
lesquelles le débiteur reconnait sa dette et s'oblige
à en payer le montant, elles n'ont besoin de revêtir
aucun caractère authentique. La signification de taxe
est une formalité de procédure dont le but est de
faire connaitre au débiteur la créance qui existe contre
lui. Ce sont là les seuls modes d'interruption de la
prescription. Sous la loi de 1881, la citation en justice non périmée produisait cet effet, mais par suite
de la nouvelle procédure à suivre pour le recouvrement des frais, elle est devenue impossible.

Lorsque la prescription a été interrompue par l'un
des quatre modes que nous venons d'indiquer, la
dette se trouve novée. Elle ne constitue plus une

créance soumise à une prescription spéciale, elle
tombe dans le droit commun et la prescription trentenaire lui devient applicable.

Si elle n'a pas été interrompue, le notaire sera
exposé à voir sa demande rejetée par le tribunal. A
l'opposition de prescription faite par le débiteur, il
répondra en lui déférant le serment sur la question
de savoir si la chose a été réellement payée (art.
2275 C. civ.). Si le serment est prêté, le notaire sera
débouté de sa demande ; s'il n'est pas prêté, la prescription sera considérée comme n'ayant pas été en-
courue et le procès sera réglé sans qu'on ait à s'en
occuper

Cette prescription courrait même contre les enfants
mineurs ou interdits d'un notaire décédé (art. 2278
C. civ.). Ce sera donc au tuteur qu'il appartiendra
d'exercer l'action en paiement ou d'interrompre la
prescription. Si une faute lui est imputable, il sera
responsable.

Passons maintenant à la seconde partie de notre
chapitre et voyons par quel délai s'éteindront les
demandes en taxe et les actions en restitution.

Nous avons déjà dit que d'après la jurisprudence
et aussi d'après la législation, la taxe des frais dus
aux notaires était d'ordre public et nous savons que
cette taxe peut être exigée des parties malgré toute

de 1897 : « Les demandes en taxe et les actions en restitution de frais dus aux notaires, avoués et huissiers, pour les actes de leur ministère, se prescrivent par deux ans du jour du paiement ou du règlement par compte arrêté, reconnaissance ou obligation. »

Ce délai de deux ans est largement suffisant pour permettre au client de s'assurer de la légalité des frais qu'il a payés. Il les a payés d'une façon tout à fait volontaire et en pleine connaissance de cause, par conséquent s'il éprouve un dommage, il ne pourra s'en plaindre qu'à lui seul.

Le point de départ de ces deux ans variera selon les circonstances. S'il y a eu paiement total, le délai courra du jour où il a été effectué. S'il y a eu paiement par acompte, le délai courra du jour où le dernier acompte aura soldé la dette ; enfin, s'il y a eu règlement par compte arrêté, reconnaissance ou obligation, le délai courra du jour du règlement. La preuve de ce paiement ou de ce règlement s'opérera d'après le droit commun, il faudra se reporter aux articles 1315 et suivants du Code civil. S'il existe une quittance constatant ce paiement, aucune difficulté ne pourra se produire. S'il n'en existe pas, on utilisera d'abord la preuve testimoniale, puis les présomptions, mais au-dessus de 150 francs un commencement de preuve écrite sera nécessaire (art. 1341 et suivants du Code civil). L'aveu pourra ensuite

de 1897 : « Les demandes en taxe et les actions en restitution de frais dus aux notaires, avoués et huissiers, pour les actes de leur ministère, se prescrivent par deux ans du jour du paiement ou du règlement par compte arrêté, reconnaissance ou obligation. »

Ce délai de deux ans est largement suffisant pour permettre au client de s'assurer de la légalité des frais qu'il a payés. Il les a payés d'une façon tout à fait volontaire et en pleine connaissance de cause, par conséquent s'il éprouve un dommage, il ne pourra s'en plaindre qu'à lui seul.

Le point de départ de ces deux ans variera selon les circonstances. S'il y a eu paiement total, le délai courra du jour où il a été effectué. S'il y a eu paiement par acompte, le délai courra du jour où le dernier acompte aura soldé la dette; enfin, s'il y a eu règlement par compte arrêté, reconnaissance ou obligation, le délai courra du jour du règlement. La preuve de ce paiement ou de ce règlement s'opérera d'après le droit commun, il faudra se reporter aux articles 1315 et suivants du Code civil. S'il existe une quittance constatant ce paiement, aucune difficulté ne pourra se produire. S'il n'en existe pas, on utilisera d'abord la preuve testimoniale, puis les présomptions, mais au-dessus de 150 francs un commencement de preuve écrite sera nécessaire (art. 1311 et suivants du Code civil). L'aveu pourra ensuite

être pris en considération (art. 1351 et suivants),
enfin, s'il y a lieu, le serment sera déféré (art. 1357
et suivants).

L'article 2 aurait peut-être bien fait de déterminer
exactement la nature de ce délai de deux ans. Le
silence du législateur sur ce point est d'autant plus
impardonnable que les commentateurs de la loi de
1881 s'étaient déjà posé la question. Ils s'étaient
demandé si ce délai constituait une prescription
ordinaire ou s'il constituait une présomption spéciale emportant déchéance. La controverse n'a pas
cessé aujourd'hui.

Ceux qui soutiennent que c'est une prescription
ordinaire disent que les demandes en taxe et les
actions en restitution ont pour but une créance qui
n'est ni liquide ni exigible. La perte de ces droits ne
pouvant être reprochée au tuteur, il est nécessaire
que la prescription ne courre pas. On appliquera
l'article 2252 du Code civil, d'après lequel la prescription ne court pas contre les mineurs et les interdits ; on ne tiendra pas compte de l'article 2278 que
l'on considérera comme une exception.

L'opinion adverse qui prétend que le délai de
deux ans est un délai fixe emportant déchéance
n'applique pas l'article 2252. La loi dit bien, il est
vrai, que les actions « *se prescrivent* » par deux ans.
Mais la même expression se rencontre dans d'autres

textes, l'article 809 du Code civil par exemple, où l'on a toujours vu une idée de déchéance. De plus, l'action en restitution n'étant dans notre législation qu'un droit d'exception soumis à deux conditions — il faut qu'un paiement indu ait été fait et qu'il ait été fait par erreur (art. 1376) — nous devrons interpréter d'une façon restrictive tous les textes y relatifs, et pour diminuer le champ d'application de cette prescription, nous déciderons qu'elle court contre les mineurs et les interdits. Enfin, et ce nous semble être ici le meilleur argument de cette théorie, on doit pour trancher la question se pénétrer du but et des effets de la loi dans son ensemble. Il est alors bien évident que la prescription de l'article 2 est une prescription *brevis temporis* ; elle est en corrélation directe avec la prescription de l'article 1er et n'a été établie que parce qu'elle était une conséquence de celle-ci. Si le législateur a formulé dans l'article 1er un renvoi à l'article 2278, c'est qu'il tenait à affirmer que malgré les modifications importantes qu'il apportait au délai de prescription — 5 ans au lieu de 30 — l'article 2278 et les autres continueraient à recevoir leur application. La répétition du même renvoi lui a paru inutile en ce qui concerne les demandes en taxe et les actions en restitution. Puisqu'il considérait la prescription des sommes dues au notaire comme une prescription de courte durée et puisqu'il la classait dans la section IV du chapitre V, sans indiquer ensuite qu'il en serait autrement de la prescription des demandes en taxe et des actions en restitution, c'est qu'il considérait cette dernière prescription comme soumise aux mêmes règles que la précédente. Par conséquent si la prescription de l'article 2 était incorporée dans le Code civil, elle y trouverait sa place à la suite des articles 2272 et 2273 visés par la loi et elle serait gouvernée par l'article 2278 du Code civil.

Nous croyons avec cette théorie que la prescription des demandes en taxe et des actions en restitution est gouvernée par l'article 2278 du Code civil ; elle court contre les mineurs et les interdits sauf leur recours contre leurs tuteurs. Il serait en effet étrange et injuste que des actions de même nature fussent soumises à des règles différentes et que leur recevabilité fût, dans des situations identiques, écartée contre les parties et admise contre les notaires.

Les frais qu'atteindra cette prescription de deux ans sont les mêmes que ceux qu'atteint la prescription de cinq ans. Ils devront être dus au notaire en sa qualité de notaire et se rattacher à un acte de son ministère. Les sommes perçues pour toute autre cause ne seront pas sujettes à cette restitution.

L'article 2, ne réglant pas les modes d'interruption de prescription, nous sommes forcés ici encore de recourir au droit commun. Des trois causes : citation en justice, commandement et saisie, signalées par l'article 2244, nous ne pouvons retenir que la première.

Le commandement et la saisie ne sont en effet possibles qu'à la condition d'avoir un titre exécutoire. Avant de réclamer quoi que ce soit, le client devra démontrer qu'il a été trop perçu et pour cela il amènera son adversaire devant le tribunal au moyen d'une citation en justice. — L'article 2248 nous signale une autre cause d'interruption : la reconnaissance que le débiteur ou le possesseur fait du droit de celui contre lequel il prescrivait. Le notaire qui, dans les deux ans, aurait reconnu à la partie le droit de faire réduire ses honoraires perdrait le droit d'invoquer la prescription. Il en serait de même du notaire qui renoncerait à invoquer la prescription acquise. Cette renonciation s'induirait de tout fait ou de tout acte démontrant formellement cette volonté. (Cass. 21 mai 1883, S. 84, 1, 122). La Cour d'Orléans a admis dans un arrêt du 27 juillet 1892 (Rép. Defrénois, art. 7050) que le notaire qui, dans une lettre adressée au procureur de la République, s'est reconnu restituable d'une somme perçue en trop pour frais, doit être considéré comme ayant renoncé à la prescription biennale, mais seulement jusqu'à concurrence de la somme indiquée. — Nous croyons qu'en dehors de ces deux modes d'interruption, il n'en existe pas d'autres et nous sommes justifiés dans cette idée par une décision du tribunal de Senlis (11 avril 1888, Rép. Defrénois, art. 1834) qui déclare que l'interruption de la prescription ne résulte ni d'une lettre missive réclamant la taxe, ni d'une sommation à l'effet d'y procéder.

Lorsque la demande de taxe sera intentée après le délai de deux ans, elle ne sera plus recevable en principe. Le tribunal qui sera saisi de l'affaire — et ce sera, croyons-nous, le tribunal du domicile du notaire[1] — rejettera la demande à moins que la partie n'oppose la reconnaissance ou la renonciation dont nous venons de parler.

Lorsque la demande de taxe aura été formée dans le délai de deux ans, elle sera accueillie par le président du tribunal. Il taxera l'état de frais du notaire en procédant de la même manière que si elle avait été demandée directement par le notaire lui-même. C'est du résultat de cette taxe que dépendra l'exis-

[1] L'article 2 n'indique pas le tribunal compétent pour examiner les demandes en taxe. D'après l'article 60 du Code de procédure, ce doit être le tribunal civil du lieu où les frais ont été faits, et d'après l'article 3 de la loi de 1897, c'est celui de la résidence du notaire. Dans la plupart des cas, ces deux articles s'accordent, le désaccord ne se produit que quand l'action en restitution est intentée contre un notaire qui a cessé ses fonctions ou contre son héritier, et que l'un ou l'autre résident dans le ressort d'un autre tribunal.

tence d'une action en restitution. Cette action ne sera possible que dans le cas où la taxe démontrerait que le notaire a perçu des frais trop élevés, et alors la partie devra intenter son action en restitution avant l'expiration des deux années. (C. Civ, art. 2211 à 2247).

DOCUMENTS LÉGISLATIFS

LOI DU 24 DÉCEMBRE 1897

Relative au recouvrement des frais dus aux notaires, avoués et huissiers.

ARTICLE PREMIER. — Le droit des notaires au paiement des sommes à eux dues pour les actes de leur ministère se prescrit par cinq ans à partir de la date des actes. Pour les actes dont l'effet est subordonné au décès, tels que les testaments et les donations entre époux pendant le mariage, les cinq ans ne courront que du jour du décès de l'auteur de la disposition

Il n'est pas innové, en ce qui concerne les huissiers et les avoués, aux dispositions édictées par les articles 2272 et 2273 du Code civil.

La prescription a lieu, quoiqu'il y ait eu continuation d'actes de leur ministère de la part des notaires, avoués et huissiers. Elle ne cesse de courir que lorsqu'il y a eu compte arrêté, reconnaissance, obligation ou signification de taxe, en conformité de l'article 4 ci-après.

Les articles 2275 et 2278 du Code civil sont applicables à ces prescriptions.

ARTICLE 2. — Les demandes en taxe et les actions en restitution de frais dus aux notaires, avoués et huissiers, pour les actes de leur ministère, se prescrivent par deux ans du jour du paiement ou du règlement par compte arrêté, reconnaissance ou obligation.

Article 3. — Les notaires, avoués et huissiers ne pourront poursuivre le paiement des frais s'appliquant aux actes de leur ministère qu'après en avoir obtenu la taxe et suivant les formes établies à l'article suivant.

La demande de taxe pour les notaires est portée devant le président du tribunal civil de la résidences des notaires, ou, en cas d'empêchement, devant un juge commis par lui. La taxe sera arrêtée conformément au tarif, s'il s'agit d'actes qui y sont compris, et, s'il s'agit d'actes non tarifés, suivant la nature et l'importance de ces actes, les difficultés que leur rédaction a présentées et la responsabilité qu'ils peuvent entraîner.

Pour les avoués et les huissiers, la taxe sera faite par le président du tribunal ou par le premier président de la Cour d'appel où les frais ont été faits, ou, à leur défaut, par un juge qu'ils désigneront. S'il s'agit de frais relatifs à une instance, le magistrat taxateur devra, à moins d'empêchement, avoir pris part au jugement ou à l'arrêt.

Pour les notaires et les avoués, en matière de compte, liquidation et partage, les frais faits devant le tribunal seront taxés, à moins d'empêchement, par le juge commissaire.

Article 4. — Les notaires, avoués et huissiers devront signifier à la partie débitrice, par acte d'avoué à avoué, s'il y a avoué constitué, sinon à personne ou domicile, l'état détaillé des frais taxés et l'ordonnance du magistrat taxateur revêtue, sur minute, de la formule exécutoire.

Cette signification contiendra en outre à peine de nullité : 1° constitution d'avoué pour le requérant; 2° la déclaration que cette ordonnance deviendra définitive si elle n'est pas frappée d'opposition dans les délais déterminés au paragraphe suivant.

Dans les quinze jours de la signification, sauf l'application des dispositions des articles 73, 74 et 1033 du Code de procédure civile, l'ordonnance de taxe est susceptible d'opposition tant de la part de la partie débitrice que de la partie qui en est bénéficiaire. Cette opposition est motivée et faite par acte d'avoué à avoué, s'il y a avoué constitué ; sinon, par ajournement.

Le délai imparti par le paragraphe précédent est suspendu par la mort de l'une des parties ayant le droit d'opposition. Il reprend son cours après une nouvelle signification faite au domicile du défunt et à compter de l'expiration des délais pour faire inventaire et délibérer si cette signification a eu lieu avant que ces derniers délais fussent expirés. Cette signification pourra être faite aux héritiers collectivement et sans désignation des noms et qualités.

Les débats auront lieu en Chambre du conseil, sans procédure, le ministère public entendu.

Le jugement sera rendu en audience publique, il sera susceptible d'appel dans les formes et dans les cas ordinaires.

La signification de l'ordonnance de taxe, faite conformément aux prescriptions de la présente loi, à la requête des notaires, avoués et huissiers, interrompt la prescription et fait courir les intérêts.

L'ordonnance de taxe vaut titre exécutoire ; elle emporte hypothèque judiciaire ; mais elle ne pourra être exécutée et l'inscription ne pourra être prise valablement qu'après l'expiration du délai d'opposition.

ARTICLE 5. — Les mêmes règles s'appliquent aux frais, non liquidés par le jugement ou l'arrêt, réclamés par un avoué, distractionnaire des dépens, contre la partie adverse condamnée à les payer.

Toutefois, en ce cas :

1° Le délai d'opposition ne sera pas augmenté à raison

des distances, si le jugement ou l'arrêt sur le fond est contradictoire.

2° L'appel ne sera recevable que s'il y a appel de quelque disposition sur le fond.

3° L'ordonnance de taxe pourra être exécutée dès qu'elle aura été signifiée et l'inscription de l'hypothèque judiciaire pourra être valablement prise avant même la signification.

L'exécution de l'ordonnance de taxe sera suspendue s'il y est fait opposition ou si la décision sur le fond est frappée d'opposition ou d'appel.

ARTICLE 6. — La présente loi est applicable aux payements et règlements effectués, aux actes passés et aux frais faits antérieurement à sa promulgation.

ARTICLE 7. — La loi du 5 août 1881 est abrogée.

L'article 30 de la loi du 22 frimaire an VII, l'article 51 de la loi du 25 ventôse an XI et les décrets du 16 février 1807 sont abrogés dans celles de leurs dispositions qui sont contraires à la présente loi.

ARTICLE 8. — La présente loi est applicable à l'Algérie et aux colonies.

DÉCRET DU 25 AOUT 1898

Le Président de la République française,

Sur le rapport du Garde des sceaux, Ministre de la justice et des cultes,

Vu la loi du 20 juin 1896 dont l'article 1er est ainsi conçu :

« Il sera dressé, au moyen de règlements d'administration publique, par ressort de cour d'appel, le département de la Seine excepté, un tarif des honoraires, vacations, frais de rôle et de voyages, et autres droits qui peuvent être dus aux notaires à l'occasion des actes de leur ministère »;

Le Conseil d'Etat entendu,

DÉCRÈTE :

ARTICLE PREMIER. — Les honoraires, vacations, frais de rôle et de voyages, et autres droits qui peuvent être dus aux notaires à l'occasion des actes de leur ministère sont fixés pour le ressort de la Cour d'appel de .... conformément au tarif ci-annexé.

ARTICLE 2. — L'honoraire tarifé d'un acte comprend l'émolument de tous les soins, conseils, consultations, conférences, examens de pièces, projets et autres travaux relatifs à la rédaction de l'acte.

ARTICLE 3. — Les dispositions du présent tarif ne sont point exclusives des émoluments qui peuvent être réclamés par les notaires, soit pour des travaux autres que la rédaction des actes, soit pour des missions dont ils seraient chargés à titre exceptionnel, et qui n'auraient rien d'incompatible avec la nature et la dignité de leur ministère.

Ces émoluments sont réglés à l'amiable sous le contrôle de la chambre de discipline.

Les notaires ne peuvent percevoir aucun droit de recette et de comptabilité pour l'encaissement et la garde des fonds et des valeurs déposés en conséquence ou pour l'exécution directe d'un acte de vente ou d'emprunt passé dans leur étude.

ARTICLE 4. — Il est interdit aux notaires, sous peine de restitution et de poursuites disciplinaires, s'il y a lieu, d'exiger des droits et honoraires plus élevés que ceux portés au tarif.

Les notaires peuvent faire remise de la totalité des honoraires d'un acte ; ils ne peuvent en accorder la remise partielle qu'avec l'autorisation de la chambre de discipline.

ARTICLE 5. — Aucun honoraire n'est dû pour l'acte, la copie ou l'extrait déclarés nuls par la faute du notaire.

ARTICLE 6. — Lorsqu'un acte contient plusieurs conventions dérivant ou dépendant les unes des autres, il n'est perçu d'honoraires que sur la convention principale.

Si les conventions sont indépendantes et donnent lieu à des droits distincts d'enregistrement, l'honoraire est dû pour chacune d'elles.

ARTICLE 7. — Les actes dressés sur projets présentés par les parties donnent droit aux mêmes honoraires que s'ils sont rédigés par le notaire lui-même.

ARTICLE 8. — Les notaires doivent réclamer la consignation des frais qu'ils auront à débourser pour les actes qu'ils sont chargés de dresser.

ARTICLE 9. — Avant tout règlement, les parties peuvent réclamer le compte détaillé des sommes dont elles sont redevables.

Ce compte est établi sur deux colonnes, l'une destinée aux déboursés et l'autre aux honoraires ; il n'est délivré qu'une fois.

ARTICLE 10. — Le concours d'un second notaire à un même

25 pour les immeubles ruraux et par 20 pour les immeubles urbains.

ARTICLE 16. — L'usufruit et la nue propriété sont respectivement évalués à la moitié de la valeur de la propriété.

Toutefois, la donation avec réserve d'usufruit au profit du donateur donne droit au même honoraire que celle qui porte sur la propriété.

ARTICLE 17. — L'honoraire alloué à l'occasion d'un testament ou de dispositions dont l'exécution est subordonnée au décès est calculé sur l'actif net que reçoit le bénéficiaire.

Si celui-ci a droit à une réserve, il n'est rien dû sur ce qu'il recueille à ce titre.

ARTICLE 18. — L'honoraire n'est perçu qu'une fois sur les valeurs qui figurent dans plusieurs opérations successives comprises dans un même acte de liquidation.

ARTICLE 19. — Pour les actes relatifs à des biens ou droits dont la valeur n'excède par 500 francs, quelle que soit la longueur de l'expédition, le notaire ne peut avoir droit qu'à l'émolument de deux rôles.

ARTICLE 20. — Il est alloué aux notaires, par vacation de trois heures, 8 francs au chef-lieu de la Cour d'appel et dans les villes dont la population excède 30.000 âmes ; 6 francs partout ailleurs.

La première vacation commencée est due en entier. Les autres se payent en proportion du temps écoulé.

Les actes rétribués par vacations constatent l'heure du commencement et celle de la fin des opérations, ainsi que les interruptions. Dans le cas où il est dû des frais de voyage, le temps employé au voyage ne compte pas dans le calcul des vacations.

ARTICLE 21. — L'honoraire par rôle de minute est de 5 francs par rôle de trente-cinq lignes à la page et de vingt syllabes à la ligne.

25 pour les immeubles ruraux et par 20 pour les immeubles urbains.

ARTICLE 16. — L'usufruit et la nue propriété sont respectivement évalués à la moitié de la valeur de la propriété.

Toutefois, la donation avec réserve d'usufruit au profit du donateur donne droit au même honoraire que celle qui porte sur la propriété.

ARTICLE 17. — L'honoraire alloué à l'occasion d'un testament ou de dispositions dont l'exécution est subordonnée au décès est calculé sur l'actif net que reçoit le bénéficiaire.

Si celui-ci a droit à une réserve, il n'est rien dû sur ce qu'il recueille à ce titre.

ARTICLE 18. — L'honoraire n'est perçu qu'une fois sur les valeurs qui figurent dans plusieurs opérations successives comprises dans un même acte de liquidation.

ARTICLE 19. — Pour les actes relatifs à des biens ou droits dont la valeur n'excède par 500 francs, quelle que soit la longueur de l'expédition, le notaire ne peut avoir droit qu'à l'émolument de deux rôles.

ARTICLE 20. — Il est alloué aux notaires, par vacation de trois heures, 8 francs au chef-lieu de la Cour d'appel et dans les villes dont la population excède 30.000 âmes ; 6 francs partout ailleurs.

La première vacation commencée est due en entier. Les autres se payent en proportion du temps écoulé.

Les actes rétribués par vacations constatent l'heure du commencement et celle de la fin des opérations, ainsi que les interruptions. Dans le cas où il est dû des frais de voyage, le temps employé au voyage ne compte pas dans le calcul des vacations.

ARTICLE 21. — L'honoraire par rôle de minute est de 5 francs par rôle de trente-cinq lignes à la page et de vingt syllabes à la ligne.

Toutefois, pour les cahiers des charges de vente judiciaire, il est seulement de 3 francs par rôle.

Les honoraires par rôles de copie, de vingt-cinq lignes à la page, de quinze syllabes à la ligne, sont fixés :

A 3 francs pour les expéditions et les grosses au chef-lieu de la Cour d'appel et dans les villes dont la population excède 30.000 âmes ; à 2 francs partout ailleurs ;

A 3 francs pour les extraits analytiques ;

A 75 centimes pour les expéditions dont le coût est à la charge de l'Etat, des établissements de bienfaisance et d'assistance et des bénéficiaires de la loi sur les habitations à bon marché ;

Et à 50 centimes pour les expéditions dont le coût est à la charge de l'administration de l'enregistrement.

Les copies collationnées donnent lieu à un droit fixe de 5 francs, en sus des droits de rôles.

Le rôle commencé est dû en entier, s'il est seul ; par fraction non inférieure à la moitié, s'il y a plusieurs rôles.

ARTICLE 22. — Lorsque le notaire est obligé de se transporter dans une localité éloignée de plus de 2 kilomètres de sa résidence, il perçoit pour frais de voyages, par kilomètre parcouru, en allant et en revenant :

1° 20 centimes si le transport a été effectué en chemin de fer ;

2° 40 centimes si le transport a eu lieu autrement.

Si le déplacement exige plus d'une journée, il est alloué, en outre, 10 francs par journée.

Tout voyage requis la nuit est payé double.

Il n'est alloué qu'un seul droit de transport pour la totalité des actes que le notaire aura faits dans un même déplacement.

ARTICLE 23. — Tous actes, quelle que soit leur nature, ayant pour objet le mariage des indigents, le retrait de leurs enfants des hospices et la reconnaissance de leurs enfants naturels, sont reçus gratuitement par les notaires, sur la production par les parties intéressées du certificat prévu par l'article 6 de la loi du 10 septembre 1850.

La gratuité s'applique même aux frais de voyages.

Il en est de même des actes reçus dans l'intérêt des personnes qui ont obtenu le bénéfice de l'assistance judiciaire, lorsqu'ils sont passés à l'occasion ou en exécution des instances dans lesquelles elles ont figuré, mais seulement dans le cas où ils doivent être visés pour timbre et enregistrés en débet.

Lorsqu'il s'agit des actes compris au paragraphe précédent, les honoraires des notaires peuvent être recouvrés ultérieurement dans les conditions et les formes prévues par la loi du 22 janvier 1851.

ARTICLE 21. — Les notaires doivent tenir dans leur étude, à la disposition de toute personne qui en fera la demande, un exemplaire du tarif fixant leurs honoraires.

FORMULES

ÉTAT DE FRAIS

État de frais dus à M⁰ . . . ., notaire à Paris, par
M. Lapierre (Georges), propriétaire, demeurant à . . . . . .

1ᵉʳ Juin 1899. — Vente par M. Maurice (Gaston), moyennant
25.000 francs.

	Déboursés	Honoraires	Totaux
Timbre	5 40	» »	
Enregistrement	1.718 75	» »	
Honoraires	» »	250 »	
Expédition timbre	10 80	» »	
Grosse timbre	10 80	» »	
12 rôles	» »	36 »	
Payé aux hypothèques	35 50	» »	
ENSEMBLE	1.781 25	286 »	2.067 25

5 septembre 1899. — Obligation
hypothécaire par M. Lapierre au
profit de M. Collin.

	Déboursés	Honoraires	Totaux
Timbre	9 »	» »	
Enregistrement	1.875 »	» »	
Honoraires	» »	1.500 »	
Grosse timbre	27 »	» »	
Bordereaux { timbre	3 60	» »	
rédaction (2 rôles de minute	» »	10 »	
Extrait pour signifier { timbre . .	1 80	» »	
2 rôles . .	» »	6 »	
Signification	11 60	» »	
Payé aux hypothèques	190 75	» »	
ENSEMBLE	2.118 75	1.516 »	3.634 75
Timbre du présent état			» 60
TOTAL			5.702 60

Certifié véritable par M⁰ . . . ., le . . . .

ORDONNANCE DE TAXE

Nous, Président du Tribunal civil de première instance de la Seine,

Avons taxé les déboursés et honoraires dus pour les actes relatés en l'état de frais qui précède à la somme de cinq mille sept cent deux francs soixante centimes.

République Française. — Au nom du Peuple français,

Le Président de la République française mande et ordonne à tous huissiers sur ce requis de mettre la présente ordonnance de taxe à exécution ; aux Procureurs généraux et aux Procureurs de la République près les Tribunaux de première instance d'y tenir la main ; à tous commandants et officiers de la force publique de prêter main forte lorsqu'ils en seront légalement requis.

Paris, le. . . . .

Par le Président :

Signature.

SIGNIFICATION DE L'ORDONNANCE DE TAXE

(Mettre en tête la copie de l'état détaillé des frais et de l'ordonnance de taxe revêtue de la formule exécutoire).

L'an. . ., le. . . . .

A la requête de M^e . . . . . ., notaire à Paris, ayant pour avoué constitué M^e . . . . . ., qui exerce près le tribunal civil de la Seine, résidant à Paris, rue . . . . . .

J'ai . . . ., huissier près le tribunal civil de la Seine, exerçant à Paris,

Signifié, et en tête des présentes, donné copie d'une ordonnance rendue par M. le président du tribunal civil de la Seine à la date du . . . ., par laquelle ce magistrat a taxé les frais dus à M^e. . . . . . ., par M. Lapierre, ci-après nommé et déclaré cette taxe exécutoire.

A M. Lapierre (Georges), propriétaire, demeurant à . . . ., parlant à sa personne :

1° Deux mille soixante-sept francs vingt-cinq centimes pour un acte du premier juin mil huit cent quatre vingt-dix-neuf, contenant vente par M. Maurice, ci........ 2.067 25

2° Trois mille six cent trente-quatre francs soixante-quinze centimes, pour les frais occasionnés par l'obligation hypothécaire, au profit de M. Collin, le cinq septembre mil huit cent quatre-vingt-dix-neuf, ci...................... 3.634 75

3° Et cinq francs soixante centimes pour le timbre du mémoire et le coût de l'ordonnance de taxe, ci.... .... 5 60

Ensemble : cinq mille sept cent sept francs soixante centimes, ci............................ 5.707 60

Au paiement de laquelle somme, M. Lapierre sera contraint par les voies de droit.

Et je lui ai déclaré qu'à défaut de former opposition, dans le délai de quinze jours, à l'ordonnance de taxe signifiée, elle deviendra définitive.

Et j'ai remis à M. Lapierre, parlant comme dessus, une copie des présentes.

BORDEREAU D'INSCRIPTION D'HYPOTHÈQUE JUDICIAIRE

Inscription est requise au bureau des hypothèques de . .

Au profit de M⁰. . . . . . ., notaire, demeurant à Paris, . .

. . . .

Pour lequel domicile est élu. . . . .

Contre M. Lapierre (Georges), propriétaire, demeurant à

. . . .

En vertu d'une ordonnance de taxe rendue par M. le président du tribunal civil de la Seine le . . . ., signifiée à M. Lapierre le . . . . par exploit de M⁰. . . . . . ., huissier près le tribunal civil de la Seine,

Pour sûreté de :

La somme de cinq mille sept cent sept francs soixante centimes, montant en principal de l'ordonnance de taxe susrelatée, laquelle somme actuellement exigible est productive d'intérêts à 5 pour 100 à partir du . . . . , jour de la signification de l'ordonnance, ci 5.707 60

Des intérêts conservés par la loi . . . .   Mémoire

Des frais de mise à exécution et autres évalués approximativement à mille francs, ci . . . .   1.000 »

Total, sauf l'article porté pour mémoire 6.707 60

Sur tous les immeubles présents et à venir de M. Lapierre situés dans le ressort du bureau des hypothèques de . . . . .

TABLE DES MATIÈRES

CHAPITRE I

CHAPITRE II

CHAPITRE III

Du recouvrement des frais.

CHAPITRE IV

CHAPITRE V

CHAPITRE VI

DOCUMENTS LÉGISLATIFS

FORMULES

ALENÇON. — IMPRIMERIE VEUVE FÉLIX GUY ET Cie.

www.ingramcontent.com/pod-product-compliance
Ingram Content Group UK Ltd.
Pitfield, Milton Keynes, MK11 3LW, UK
UKHW021631170726
13836UKWH00005B/2154